Eurus

Notus

坂口裕彦
Hirohiko Sakaguchi

ルポ 難民追跡

バルカンルートを行く

Zephyrus

岩波新書
1624

目次

写真提供：毎日新聞社

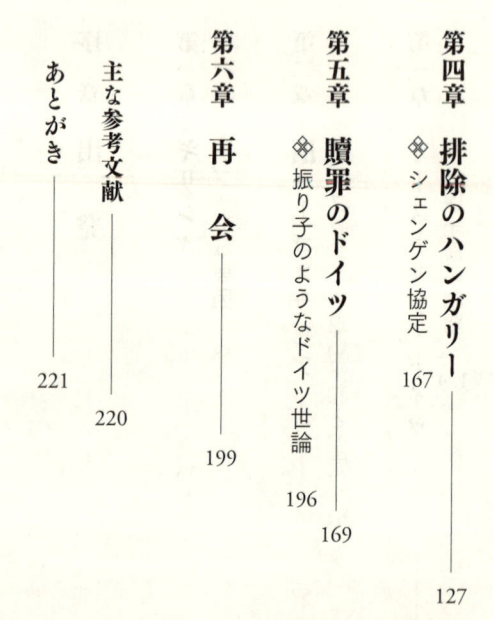

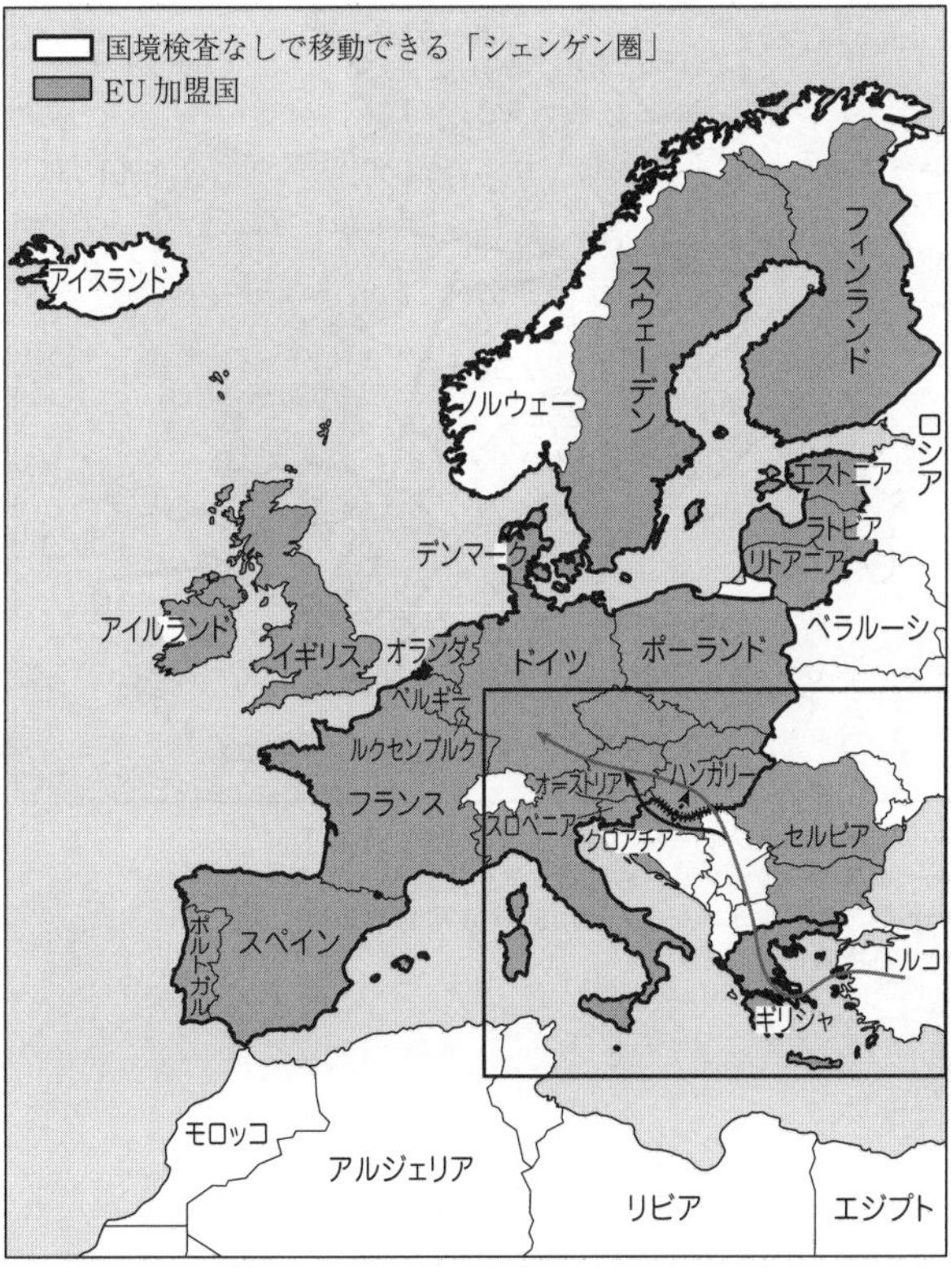
国境検査なしで移動できる「シェンゲン圏」
EU 加盟国
アイスランド
ノルウェー
スウェーデン
フィンランド
ロシア
エストニア
ラトビア
リトアニア
デンマーク
アイルランド
イギリス
オランダ
ベルギー
ルクセンブルク
ドイツ
ポーランド
ベラルーシ
フランス
オーストリア
ハンガリー
スロベニア
クロアチア
セルビア
スペイン
ポルトガル
ギリシャ
トルコ
モロッコ
アルジェリア
リビア
エジプト
＊次頁拡大図

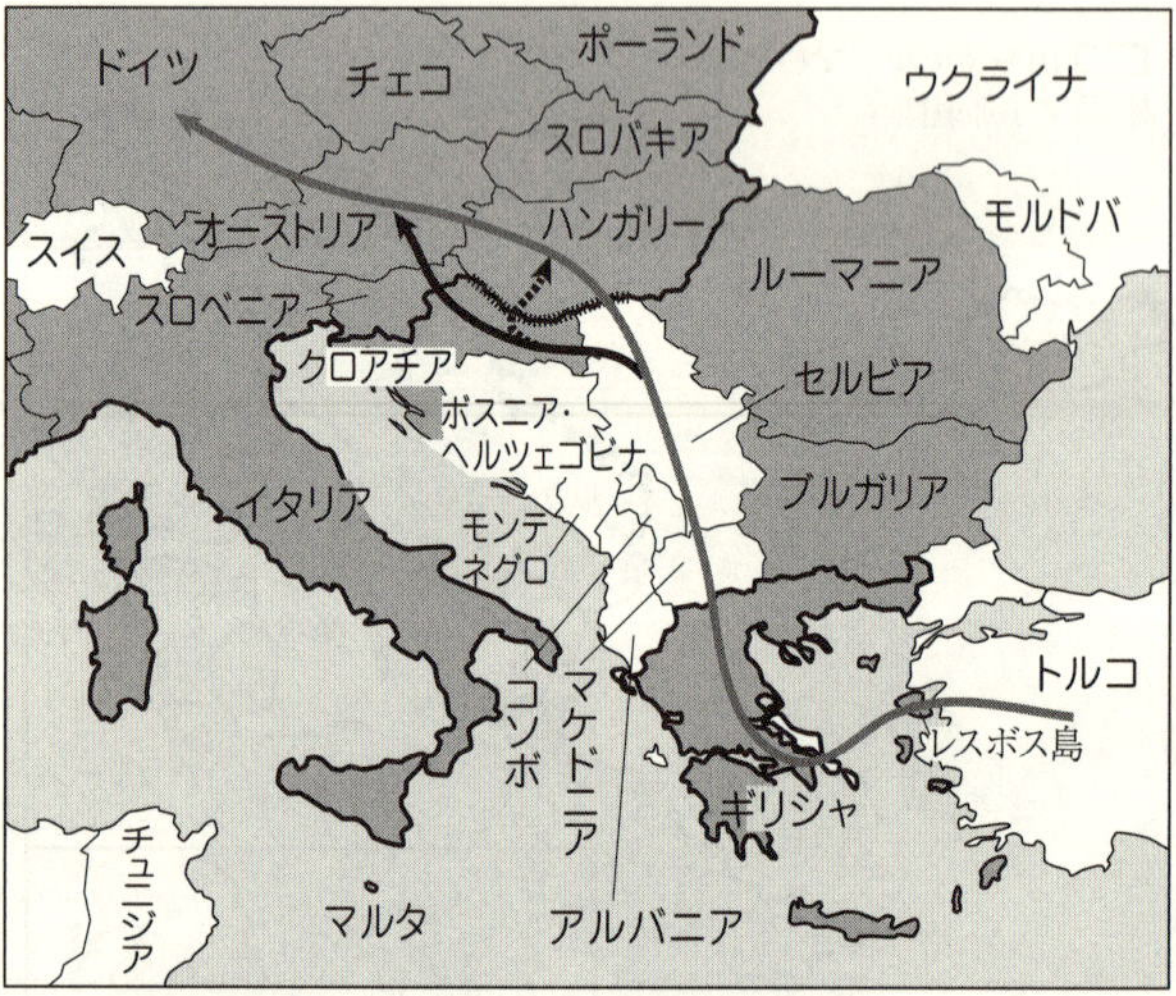

← 元祖バルカンルート（2015 年春～同年 9 月 14 日）
←⋯⋯ 第 2 のバルカンルート（2015 年 9 月 14 日～10 月 17 日）
← 第 3 のバルカンルート（2015 年 10 月 17 日以降）
越境防止フェンス

序章　出発

首都アテネ近郊の街ピレウス行のフェリーに乗り込んだアリ・バグリさん一家(ギリシャのレスボス島で，2015 年 11 月 2 日)

エーゲ海に浮かぶギリシャのレスボス島は、欧州文明の起源を生んだこの国で、三番目に大きい国境の島である。

日本の沖縄本島より四割ほど大きいこの島は、夏になると、降り注ぐ太陽の恵みを求める欧米の観光客でにぎわいを見せる。一一月に入ったというのに、日中の気温は二〇度に近いぽかぽか陽気で、エメラルドグリーンの海は輝いている。緑の山並みが続く対岸はもうトルコ領で、くっきりと、まるで迫ってくるかのようだ。

じっとしているだけでバカンス気分に誘われるレスボス島に、自宅のあるウィーンから、飛行機を乗り継いでやってきたのは、「欧州の玄関口」とも言えるこの島が、欧州全体が直面する苦悩を象徴する場所になってしまったからである。

空港から島最大の港町ミティリニに着くや、その苦悩とは何たるかをはっきりと映し出す異様な光景が広がっていた。

店という店に掲げられた急ごしらえのアラビア語やペルシャ語の貼り紙。行き交う男性はひげ面ばかりで、女性は髪をスカーフで隠している。大通りから入り組んだ路地裏まで、異郷から押し寄せたイスラム教徒がこれでもか、これでもかとあふれている。

欧州の一角にいるはずなのに、中東のどこかの街に迷い込んでしまったかのような気持ちになってくる。ざっくばらんに言うと、この島はまるごと、イスラム教徒に占拠されてしまったかのようだ。

私のかたわらで、港に停泊する首都アテネ近郊ピレウス行のフェリー「ニソス・ロドス号」への乗船を共に待っているのは、父親と母親、一人娘という三人家族である。父親が大きなバックパックを背負い、夫婦が毛布を詰め込んだ黒いビニール袋を一つずつ手にしているだけ。着の身着のまま、ここまでたどりついたように思える。

父親は顔にひげをたくわえているが、うっかり日本語で話しかけてしまいそうなほど、日本人そっくりの顔つきだ。これから先どうしたものかと思いをめぐらせていた私は、その顔をまじまじと見つめた。

彼の口から出たのは、ややたどたどしい英語だった。

「アフガニスタンからやってきたアリ・バグリです。住んでいたイランを一か月前に出発し、一家三人でドイツを目指しています」

温和な表情を浮かべた男性は、静かな口調で語り終えると、右手を差し出してきた。黄色とオレンジのスカーフを頭にかぶった奥さんが傍らでほほえみ、二人の間で四、五歳の女の子がこちらをうかがっていた。

アリさんは、三分前に出会ったばかりの私に嫌な顔一つ見せず、家族の名前を一文字ごと教えてくれた。奥さんの名前は、タヘリー・カゼミさんで二八歳、一人娘のフェレシュテちゃんは四歳。いかにも朴訥《ぼくとつ》なアリさんは三〇歳。見た目の印象より、ずいぶんと若い。

江戸時代にタイムスリップして、ちょんまげ姿の日本人に出会ったような、どこか懐かしい不思議な気分になるのは、日本人に似た三人が醸し出す何とも素朴な雰囲気のためだろう。

私がアリさん一家に初めて出会ったのは、二〇一五年一一月二日。明るい日差しが降り注ぐ中、時計の針はまもなく午後三時を刻もうとしていた。一家は午後四時に出発するフェリーに乗り込むため、長蛇の列に並んでいた。

ギリシャの国内フェリーなのに、客は明らかに、大きな荷物を抱えたイスラム教徒ばかり。今や遅しと乗船を待つ人々の列は、数百メートルは続いていて、これまた異様な雰囲気を醸し出していた。

こちらもフェリーに乗り込むべく、チケットをぎゅっと手に握りしめて、列に並んでいたのは、一五年春頃から一気に沸騰した「第二次世界大戦後、欧州で最悪の人道危機」とされる現在進行形の難民・移民問題を追いかけるためだった。西欧諸国を目指す人々は、トルコ領からわずか一〇キロしか離れていないレスボス島へ、密航業者が手配したすし詰めのゴムボートに揺られ、命がけで海を越えて殺到していた。アリさんたちも、一週間ほど前、この難所をひとまず乗り切ったばかりという。

内戦が続くシリアや、テロが相次ぎ、いっこうに安定の兆しが見えないアフガニスタン、イラク。人々の出身地は違っていても、母国から逃げ出してきたイスラム教徒という点は同じ。世界史の授業では、欧州で四世紀後半から続いた「ゲルマン民族の大移動」がおなじみだが、今回は「イスラム教徒の大移動」とでも言えそうだった。

人々が通り道に選んだのが、トルコからエーゲ海の島々を経て、ギリシャ本土に渡り、それからバルカン半島を陸伝いに北上してドイツを目指す、通称「バルカンルート」である。

ひとくくりにバルカンルートと言ってしまったが、レスボス島を訪れるまでのこの二か月足らずの間に、ルート自体がめまぐるしく変わっていた。

春先から姿を現した「元祖バルカンルート」は、ギリシャからマケドニア、セルビア、ハンガリー、オーストリアの順番で、ドイツに達していた。

ルート変更が生じたのは、欧州連合（EU）に加盟するハンガリーが、人々の行く手に立ちはだかったからだ。大衆迎合的（ポピュリズム）な政治スタイルが目立つビクトル・オルバン首相（五二）は、どぎつく言い放った。

「キリスト教に根ざした欧州の文化が、イスラム教徒主体の移民に脅かされる」

九月半ばには、難民らを食い止める高さ四メートルの「越境防止フェンス」を完成させて、南に接するセルビア国境を封鎖してしまった（第四章参照）。

行き場を失った人々は川が流れを変えるかのように、セルビアからクロアチアへと迂回《うかい》した。驚くべきことにクロアチアは、ハンガリーへ人々を送り返した。結局、ハンガリーは、人々を再びオーストリア国境まで運ばなければならなくなった。

このすったもんだで、人々はギリシャからマケドニア、セルビア、クロアチア、ハンガリー、オーストリア、そして、ドイツへと入国する「第二のバルカンルート」をたどるようになった。ハンガリーは一〇月中旬、クロアチア国境までをフェンスで封鎖してしまい、これでハンガリー経由のルートは完全にふさがれた。追い立てられた人々は、クロアチアから、スロベニアへと迂回し、オーストリア入りするようになった。今度のルートはギリシャからマケドニア、セルビア、クロアチア、スロベニア、オーストリアを経て、ドイツ入りする。これが今も生きている最新の、アリさんが通るであろう「第三のバルカンルート」である。まるで国家がプレイヤーとなって、自分の国にはいてほしくない難民や移民をジョーカーに見立てた、トランプの「ババ抜きゲーム」をしているような展開だ。

二度の悲惨な世界大戦を経て、「平和な一つの欧州」という理想を実現すべく生まれ、「国境のない自由な移動」をうたいあげるＥＵ。人々の通過国となったギリシャやオーストリア、ハンガリー、スロベニア、クロアチアはすでに加盟し、セルビアやマケドニアもＥＵ入りを待望している。

祖国を捨てた人々のうねりは皮肉なことに、まだいかに国家や国境の存在が欧州で大きいかをさらけだしたのだった。ＥＵは、求心力と遠心力が激しくせめぎ合う岐路に立っている。「移民排斥」を掲げる右派政党の台頭も各国で目立ち、「キリスト教対イスラム教」という大がかりな対立構図まで持ち出されている。

これは、いずれ世界史の教科書に記録される大事件となるに違いない。

日本から見れば「遠い世界の出来事」かもしれない難民・移民問題を現場から解き明かす手法が何とかないものかと知恵を絞っていてひらめいたのは、欧州へと向かう一組の家族と行動を共にする同時進行ルポに挑戦することだった。たとえば、ギリシャの島からドイツまで、シリア難民の一家に密着する。その日起こったことは、その日のうちに記録する。

難民や移民という「記号」ではなく、「生身の人間」の予想がつかない行動や垣間見せる表情こそが、事態の核心を映し出すはずだ。これまで欧州各地で重ねた現場取材を「点」と考えるならば、同時進行ルポは、すべてを「一本の線」につなぐ試みだ。

この問題を追いかけて訪れた数々の現場は、一刻も早く欧州にたどりつこうと、我先に電車やバスに乗り込もうとする人々で大混乱していた。思い通りにいかず、取材対象となる家族とはぐれる可能性はかなり高い。

とは言え、せっかくのアイデアを手もつけないまま終わらせるのは、何とも惜しい。

結局、いてもたってもいられず、ウィーン中心部のショッピングセンターに駆け込んで、大きめのバックパックやレインコートなどの旅支度を調えたのだった。

あれこれしている間にも、最大数の難民を生み出し続けるシリア内戦は、泥沼化の様相を深めていた。ギリシャへと出かける前日の一〇月三〇日、ウィーン市内のホテルで開かれた多国間の政治交渉では、バッシャール・アル＝アサド大統領(五〇)の退陣を求めるアメリカや西欧諸国などと、大統領に有利な形での内戦終結を目指すロシアやイランが激しくぶつかり合った。

アメリカのジョン・ケリー国務長官(七一)と、ロシアのセルゲイ・ラブロフ外相(六五)の共同記者会見は、解決がはるか先にあることを強く印象づけた。
「アサド大統領は、シリアを統治してはならない」(ケリー国務長官)
「アサド大統領の命運は、シリアの人々自らが決めるべきだ」(ラブロフ外相)
椅子は数メートルしか離れていないのに、距離感たっぷりの主張をぶつけ合う二人を一〇メートルほど離れた記者席から見つめていると、「解決を目指した会議」なのではなく、「とりあえず会議を開いたことをアピールする政治ショー」に思えてきた。主導的な立場にあるアメリカとロシアがこんな調子では、いつまでたっても欧州にシリア難民はなだれ込み続けるのではないか。
そんな気持ちにかられたからこそ、到着したレスボス島のフェリー乗り場では、まっしぐらにこちらに協力してくれるシリア難民の一家を探したのだ。
残念なことに、そうは簡単に問屋が卸さなかった。
信心深いからだろうか。それとも、顔をさらすことで、シリア国内で幅をきかすイスラム過激派組織「イスラム国」(IS)からの報復を恐れているのか。シリア人女性は話してくれたとしても、いざカメラを向けると、次々と顔をそむけてしまう。一回きりの取材なら何とかごまかせるかもしれない。でも、長期にわたる同時進行ルポは、相手の全面的な協力なしにはとても成り立たない。

次々と断られて、焦り始めた時、嫌な顔一つせず、撮影に応じてくれたのがアフガニスタン出身のアリさん一家だった。一人娘のフェレシュテちゃんは、カメラのレンズを向けると、ありがたいことに大喜びである。

おおらかなアリさんと話しているうち、一つの考えが頭に浮かんできた。

二〇〇一年九月一一日のアメリカ同時多発テロを受けて、「世界の警察官」と言われたアメリカは「テロとの戦い」を宣言し、アフガン戦争が始まった。フセイン政権が倒れた〇三年のイラク戦争、一〇年末から中東・北アフリカで本格化した民主化運動「アラブの春」がもたらしたシリア内戦や、ＩＳの台頭などの混迷。そもそもの始まりはアフガニスタンではないか。縁もゆかりもない欧州をさすらうことになったアリさん一家の今までと、これからの歩みは、「九・一一」から一五年近くにならんとする世界の混乱を映し、今後進むべき方向を示すかもしれない。

日本人を思わせる風貌のアリさんの人柄にも、親しみを覚えずにはいられない。

「ようやく新しい生活が始まります」

前途を口にする姿は、未来は明るく、希望に満ちていると固く信じていた。

改札を終えた人々は、やはり、我こそが一番と言わんばかりに、どかどかと船室へなだれ込んでいった。

「失敗してもいいから、この人にくっついて行ってみよう」

直感に突き動かされた私は、黒いビニール袋を肩に背負い、悠然とした歩みで船室へと向かうアリさんの後ろ姿を追いかけた。あと三〇分もすれば、一家の未来を乗せた「ニソス・ロドス号」から、ピレウスへの出発を告げる大きなエンジン音が聞こえるはずだ。

第一章　ギリシャ

二〇一五年一一月二日――レスボス島(ギリシャ)

島だけでなく、フェリーもまるごとイスラム教徒に占拠されてしまったかのようだ。

アリ・バグリさん(三〇)一家と乗り込んだフェリー「ニソス・ロドス号」の座席という座席は、アリさんと同じ境遇にあるシリアやアフガンの人々で埋め尽くされていた。この際、フェリーではなく、いっそのこと「難民船」「移民船」と呼んだ方がふさわしいかもしれない。

栄養失調でがりがりにやせているのに、お腹はぽっこりと出ている裸の子どもたち……難民と聞くと、真っ先にそんなイメージを抱く人が多いかもしれないが、そんな子どもは船内に一人もいない。

むしろ、修学旅行に出発するバスや列車に乗り込んだばかりの小中学生のように、人々はわいわいがやがやと明るく賑やかなのだ。場の空気を支配するのは、やはり「数の力」ということなのだろうか。

船が向かう先は、ギリシャ本土にある首都アテネ近郊のピレウス港。民主主義や哲学を生んだ古代ギリシャの中心地アテネが、とりあえずの目的地となるようだ。チケットを買った島の旅行代理店は「三日午前七時に着く」と言っていたから、所要は約一五時間。今夜の宿代わりにもなる船旅である。

船内に入って、アリさんも私も真っ先に電源と公衆無線LAN「Wi-Fi《ワイファイ》」の確認に走った。パソコンやスマートフォンをインターネットに接続すれば、インターネット電話やメールもできるし、地図を検索すれば自分たちの今いる場所まで確認できる「命綱」だ。

電源は見つけたが、Wi-Fiは利用できないと船員に告げられ、二人で思わず顔を見合わせた。

わずか三畳ほどの船室に腰を落ち着け、荷物をほどく。幸いなことにアリさん一家が陣取ったのは、二〇メートルも離れていない船室だった。これなら見失う可能性は少なさそうだ。早速、同行取材の件をアリさんに切り出した。

「OK、OK。全然構いませんよ。本当に私で大丈夫ですか」

アリさんはこちらが拍子抜けするほど、あっさり快諾し、自分から身の上話をしてくれた。

自分は戦火が続くアフガニスタンから二〇一〇年、イランへと逃れてきた少数民族ハザラ人である。妻のタヘリー・カゼミさん(二八)もハザラ人だが、イランで生まれ育った。二人はイランで結婚し、一人娘のフェレシュテちゃん(四)が生まれた。身を寄せていたイラン中部ナタンツを一か月前に出発し、トルコを経て、ギリシャに来ている。大人一人当たりの出費は約三〇〇〇ドル(約三六万円)に達している――。

なるほどである。ハザラ人は一三世紀、ユーラシア大陸に空前の大帝国を築いたチンギス・ハーンに率いられたモンゴル軍兵士の子孫とも言われている。日本の大相撲で活躍するモンゴル出身力士の顔立ちは、日本人そっくりだから、アリさんに親近感を抱くのは理にかなっている。イスラム教シーア派を信仰しているので、シーア派の大国イランへと逃れる人が多いのはもっともな話だ。ハザラ人が話すダリー語はペルシャ語とほぼ同じで、言葉が通じるというのも大きい。

「レスボス島で一週間も過ごしました。戦火がたえない故郷のアフガンに戻ることは考えていません。治安は良くなるどころか、どんどん悪くなっています。イランでは、アフガン難民が就ける仕事のチャンスは少なく、希望が持てない。ドイツにたどりつけば、新しい道が開けると考えています」

明るい将来を夢想するアリさんの表情は輝くばかりだ。

国連難民高等弁務官事務所(UNHCR)によると、欧州に流入する難民・移民の約半数は内戦を逃れたシリア人だが、旧支配勢力タリバンと政府軍との戦いが続くアフガニスタンからも二割近くに達する。ただし、この「ニソス・ロドス号」に限れば、シリア人とアフガン人が半々ぐらいといった感じだった。

少しややこしいが、「難民」と「移民」という言葉について触れたい。難民や移民は、自分たちの国から出て、外国に移動する人たちという点は共通している。大きな違いは、移動するきっかけが「政治的な迫害」にあるかどうかだ。

難民を定義する基本となっているのが、一九五一年に締結された「難民の地位に関する条約」(難民条約)。「人種、宗教、国籍もしくは特定の社会的集団の構成員であること又は政治的意見を理由に、迫害を受ける恐れがある」ことを条件としている。

もっとも、最近は戦争や内戦から逃れてきた人も難民と呼ぶようになっている。一方で、本当は外国で働くために出てきた「移民」だけど、「自分は難民だ」と申請する人もいる。たちどころに「あなたは難民、あなたは移民」と、見極めることは難しくなっている。アリさんもイランに五年間暮らしたことで「移民」と見るか、いまだにテロや誘拐事件の相次ぐアフガンから逃げ出したことを広義に「難民」と見るかは、議論の分かれるところだ。

日本は一九八一年に条約に加わったのだが、二〇一五年に認定した難民は、わずか二七人。

他国に比べて、極めて少数にとどまっていて、その消極的な姿勢は、国際的に批判されている。難民や移民、そしてどちらにも当てはまりそうなグレーゾーンの人たち。このフェリーにも、新しい生活を夢見る点は同じだが、さまざまな事情を抱えた人々が、ごった煮となって乗り込んでいる。

一一月二日「ニソス・ロドス号」船内にて

とにかくスタートラインには立った。ギリシャ本土に到着すれば、その後はひたすら陸路でバルカン半島を北上すればいい。最新バルカンルートなら、マケドニアからセルビアを経て、クロアチア、スロベニア、オーストリアへ。その次が最終目的地のドイツだ。ハンガリーは、セルビアやクロアチアとの国境を封鎖してしまったが、迂回ルートはまだ生きている。

一方、とどまることを知らない人々の流入で、受け入れに寛容だったオーストリアでさえ「越境防止フェンス」の建設を検討している。道はいつ閉じられてもおかしくない。人々にとって、欧州を目指す道中は「時間との闘い」なのだ。

ひとまずアリさんと別れ、船室にようやく腰を落ち着けた。あとは出港を待つばかり。早速、パソコンを電源につなぐ。聞こえてきた船のエンジン音と振動に旅の始まりを実感する。どうやら動き出したようだ。

船に乗っている間は、アリさんと離ればなれになることはないだろうと一息ついて、ベッドに寝転がった。だが、ほっとしたムードは突然、けたたましくドアをたたく音に砕け散った。

「今から俺たちは、ストライキに入る。全員出て行ってくれ。今日は出港取りやめだ」

船室のドアというドアをたたき回っているらしい船員から言い渡された。乗船からわずか三〇分。アテネへの一五時間の船旅はおろか今夜の宿となるはずの船からも、アリさん一家共々追い出されることになった。少し動いたのは、同じミティリニ港で停泊する場所を変えただけだったのだ。

「再出発は四日午前六時だ。全員よく覚えておいてくれ」

のろのろとしか動かない人々にいらだつ船員は、こう怒鳴りながら全力で追い出しにかかった。

つまり、今日はおろか明日も、このレスボス島に足止めされてしまう。

想定外としか言いようがない貴重な時間のロス。アリさん一家は、目的地への道のりがまだ長く、険しいことを改めて見せつけられた。こちらも、同行取材がいきなりつまずき頭が混乱している。

なのに、一番落ち込むはずのアリさんは、島に舞い戻っても意外にひょうひょうとしている。

「仕方ないですよ。私はバスで丘の上にある難民キャンプに戻ります。タクシーではたくさんお金がかかりますから。では、二日後に再会しましょう」

アリさんは、笑顔で右手を差し出してきた。人生をかけた「大勝負」なのに、悲壮感がない。親戚も含めた一六人で一緒に行動しているらしいのだが、キャンプに向かうバスを待つ人々の朗らかな表情は、不謹慎にもピクニックを連想してしまう。ドイツでの新生活への希望が支えているのだろうか。

アリさんと別れるや、とって返して、港の様子を見に行った。先ほどの船員はあっさり前言をひるがえした。

「出発は四日午後四時だ」

一一月三日——レスボス島(ギリシャ)

「ニソス・ロドス号」は、その大きな船体を港に休めたままだ。ストを続ける船員たちは、

フェリー会社従業員のストライキのためレスボス島の港に停泊したままの「ニソス・ロドス号」と，出港を待つ難民たち（レスボス島で，2015年11月3日）

ジュースを片手に船内で笑い転げている。動く気配はかけらもない。

きっと日本なら、船に乗り損なった客から、怒りのクレームが殺到するだろうが、ここで待ちぼうけが続くのが何より痛いはずの難民たちまで「仕方ないよ」といった表情で、誰も詰め寄ろうとしない。

私は、船員から再出発の時間が「四日午前六時」からさらに一〇時間遅れの「午後四時」に変わったことを聞いたが、難民キャンプへ引き返したアリさんはきっと時間変更のことを知らないだろう。

どうにかして知らせた方が良いのではないかと思い、午後になって、港の近くで捕まえたタクシーで、アフガン難民向けのキャンプへと向かった。タクシーは対岸のトルコ領の緑の山並みを望みながら、くねくねとした道を一〇分ほど走り、丘の上のキャンプに着いた。料金は片道一〇ユーロ(一三〇〇円)。

「毎日数千人の新入りが島にやってくる。商売は結構いい感じだよ。料金は固定制にしているんだ。言葉の通じない人たちにも説明しやすいし、トラブルも避けることができる」

運転手のピーター・コンドレリスさん(四八)は、突然降ってわいたような大量のお客さんの出現にすこぶる上機嫌だった。すっかり饒舌になったコンドレリスさんによると、島を経由する二大グループは、シリア難民とアフガン難民。いざこざを避けるため、一時収容のキャンプは別々になっているという。

キャンプに着くと、至るところに、掘っ立て小屋やテントが並んでいた。プレハブ建ての難民登録センターで、人々はギリシャ国内の通行許可証を発行してもらい、いざ本土へと向かうフェリーに乗り込むのだ。

EUの「ダブリン規約」は、人々が最初に入った国が難民申請を受けるルールになっている。しかし、このルールだと地理的にEUの玄関口に位置するイタリアやギリシャなどに負担が集中する。ギリシャは不公平なルールをハナから無視し、むしろ旅を急ぐ人々の背中を押しているようで、とても機能しているとは言い難い。

それはさておき、キャンプ前では、島出身の女性ブレオナさん(一九)が、プリペイドのSIMカードを威勢よく売りさばいていた。トルコからやってきた人々は携帯電話さえ渡せば、ブレオナさんが手際よくSIMカードを取り替え、ギリシャ国内で使えるようにすべて設定してくれる。

「待っていれば、お客はどんどんやってくる。おかげさまで毎日ここに通い詰めですよ」

こちらも降ってわいた「難民・移民特需」に満面の笑みだ。

フェリーを退去させられても、アリさんに悲壮感がなかった理由がだんだんわかってきた。この日も、島の最高気温は約二〇度。たわわに実っているオリーブや、どこまでも透き通った青い空を見つめていると、こちらまで気持ちがゆるんでくる。防寒のため着てきたスキーウエアは、出番もなく宿で休んでいる。

しらみつぶしに小屋やテントをのぞき込んだが、アリさんは見つからない。フェリーからの突然の退去命令でこちらの方が気が動転してしまい、アリさんの携帯電話番号を聞きそびれたのが痛かった。

キャンプで、アフガン西部ヘラート出身のモハメド・アフマディさん(一八)に出会った。トルコからこの日の朝にゴムボートで海を越え、島に着いたばかりだが、若きは力なのか、それ

モハメド・アフマディさん

とも達成感に満たされているせいか、すっきりした顔をしていた。アリさんと同じく戦火が続く故郷からいったんイランに逃れたうえで、欧州を目指している。

イランは一五年七月、西欧諸国などとの核交渉で歴史的な合意に達したばかりだ。経済制裁も段階を踏んで、解除されることになっている。国際社会との関係は雪解けムードだ。にもかかわらず、なぜこのタイミングで、イランから逃げ出してこなければならないのか？

「イランでは、アフガン人は馬鹿にされていて、まともに扱われていません。故郷のアフガニスタンは、タリバンやISがいるから平和なんて来ません。僕が生まれてから、ずっと戦争していますから。政府は汚職が蔓延していて、国家として機能していない。アフガン人がどんどん欧州に向かっているのは、そうしないと明るい未来が何も見えないからです」

アフマディさんは、空の青に応えるかのように、祖国の絶望的な現状をさっぱり、からりと言ってのけた。人それぞれとは思うのだが、外から見る限りは、生まれた国への愛着がどこか薄く感じられる。言い回しは少し違うが、前日にアリさんから聞いた話と中身はほぼ同じだ。

アフガン難民は、一九七九年の旧ソ連軍侵攻や、二〇〇一年からのアフガン戦争のたびに生まれてきた。隣国のイランは、パキスタンに次ぐアフガン難民の受け入れ国。一六年五月現在で、難民登録は約九五万人だが、不法入国なども含めると二五〇万人以上が首都テヘランなどで暮らしているとされる。

アリさんの妻、タヘリーさんや一人娘のフェレシュテちゃんのように、イランで生まれて、祖国アフガンに住んだことのない二世、三世も多い。イラン政府も教育や医療サービスは提供しているが、アフガン難民は学歴があっても就職口が限られている。低賃金の工事現場の重労働などしか職はなく、車や土地を持つことも許されていないのだ。居住区からも無許可で出ることができない。こうした制約が「イランでも未来が描けず、アフガンにも帰れない」という状況を生んでいる。

「フェリーの再出発の時間は、四日午後四時にまたも変更されました。午前六時ではありません。くれぐれもご注意ください。またフェリーで会いましょう」

私はノートをちぎって、ボールペンで、簡単な英語の一筆をしたためた。アリさんの風貌をアフマディさんに伝え、もしアリさんに出会ったら手渡してほしいとアフマディさんに頼んでおいた。

アフマディさんの後に、ゴムボートで島にたどりついた人たちだろうか、大きな荷物を背負ってキャンプにやってくる人波はずっと途切れなかった。

帰りに港へも立ち寄ったが、アリさん一家の姿はなかった。本当に四日午後四時にフェリーで落ち合えるのだろうか。

一一月四日——レスボス島(ギリシャ)

アテネ近郊ピレウスへ向かうフェリーの新しい出港時間は四日午後四時。しかし、アリさん一家は、船員から当初告げられた「四日午前六時」しか知らないはずだ。

港でアリさん一家を見つけ、今日こそは一緒にギリシャ本土へ向かう。でも会えるだろうか。

そんな心配はまったく無駄だった。

朝、泊まっていた港近くのホテルで荷物をまとめ、チェックアウトに向かった。

「今からピレウスに行きます。ありがとう。良いところなので、今度は是非プライベートで来たいです。さようなら」

お別れのあいさつをすると、ふくよかな五〇歳ぐらいの女主人が噴き出した。

「ストは少なくとも六日まで続くことが決まった。フェリーは出ないの。レスボス島へようこそ」

まさか――。徒歩三分のミティリニ港へ荷物を背負い走った。港にいた船員に事情を聞いてみる。

「そうだよ。今日も船は出ない。こっちも給料と生活がかかっているんだ。ユーロ危機(二〇〇九年にギリシャの財政危機が発覚したのを引き金に、スペインやポルトガルなど巨額の財政赤字を抱える欧州諸国の信用不安が拡大しユーロが急落した)で、この国の経済はぐちゃぐちゃだから、ストは当然だろ。気の毒だが、俺たちに言われてもどうしようもない。あの時、ギリシャにつらくあたったドイツにでも文句を言ってくれ」

船員は悪びれるふうもなく、あっけらかんとこちらのかすかな期待を打ち砕く。すごすごと引き返したホテルで女主人は、すでに部屋を用意してくれていた。

「ギリシャはただでさえのんびりした国。まして経済状況は最悪だから、予定なんてないに等しいと思った方が気楽だよ」

お手上げ状態の中での救いは、品薄だったプリペイドのギリシャの携帯電話を購入できたことだ。通話料やデータ通信料込みで三〇ユーロ（三九〇〇円）。

フェリーが発着する港に面した大通りは、おしゃれなカフェやレストラン、旅行代理店などが立ち並んでいる。一一月は閑散期にあたるはずだが、店という店は人々が殺到し、大賑わいである。故郷の味が恋しいのか、一番の人だかりができているのは、テイクアウトができるケバブ屋だ。

歩道はごった返していて、なぜか肩で風を切るように向こうから歩いてくる難民や移民と何度もぶつかりそうになった。地元のカフェに入ったギリシャ人の方が、肩身が狭そうにきょろきょろしている。

無理もない話で、二〇一五年一〜一〇月までに、約八万六〇〇〇人の島の人口の四倍近い三三万七〇〇〇人が、トルコ側からゴムボートで押し寄せた。やはり、数は力である。

街をぐるりと歩いて港にとって返すと、何とそこには、昨日あれほど探しても見つからなか

2日ぶりに再会できたアリさん一家の一人娘フェレシュテちゃん．停泊を続けるフェリーを前に（レスボス島で，11月4日）

ったアリさん一家三人が、荷物も持たずにたたずんでいた。

「フェリーの出発が再延期されたのには、びっくりです。いったいいつになったら乗ることができるのか。飛行機に乗るお金なんてもちろんないし、ひたすら待つしかない」

アリさんはこれまたハプニングにすっかり慣れっこになったのか、「ニソス・ロドス号」を前に、怒る素振りも見せず、苦笑いを浮かべている。

心配していた通り、出港時間が変わったことをアリさんは知らなかった。最初に告げられた「四日午前六時」に合わせて、まだ夜も明け切らない中、仲間ともども、家財道具一式を持ってフェリーの前に勢ぞろいしたという。そこで、出港時間が変わったことと、そもそもストが続いているので船が出ないことを知らされたそうだ。

アリさんらは、フェリーに乗り遅れてはいけないと、三日の午前中には丘の上にあるアフガン難民のキャンプを引き払い、港に歩いて五分ほどで着く小さな別のキャンプに移動していた。こちらが丘の上のキャンプを訪れても、見つからないわけだ。

ともあれ運良く再会は果たし、今回は携帯電話の番号を無事に交換できた。

新たな問題は、フェリーは足止めを食らい続けているのに、アリさんのような難民・移民が、どんどんトルコから海を越えてやってくる点だ。フェリーの運航が再開されても、全員がすぐに乗船できるとはとても思えない。

旅行代理店にはすでに、新しいチケットを手にしたい難民らの長い行列ができていた。「難民申請者」「一般客」と窓口が違うのが幸いし、私は今あるチケットをキャンセルして、七日発のチケットをとりあえず手にできた。他人に後れを取るわけにはいかんと、人々が殺到しているため、これでも一番早く手に入るチケットだという。

念のため、キャンプにいるアリさんに早めの対応を勧めに行った。ちょうどボランティアが炊き出した無料のパンと香ばしい豆スープの夕食を、キャンプの外の石垣に腰掛けて仲間と口にしかけたところだった。この人の心から驚いた表情を初めて見た。

「フェリーが再開された時、手持ちの切符でそのまま乗れないのですか？　こちらは大人数での移動だ。これは困ったことになった」

一一月五日――レスボス島（ギリシャ）

アリさん一家がいまだ手に握りしめるのは当初出発予定だった一一月二日のチケット。まずは一刻も早くチケット再発行の手続きをしなければならない。

午後になって一家が身を寄せるミティリニ港近くのキャンプを訪れると、アリさんは浮かない表情だった。

「どうもうまくいかない。船員が親切なら、このチケットでも乗せてもらえるのではないですか」

二日のフェリーにいったん乗船した時も、乗船者のチェックは厳重だった。席がガラガラならともかく、膨大な数の人がフェリーを待つ中、そのままのチケットで大丈夫なわけがない。私が七日の新しいチケットを見せると、アリさんは食い入るように見つめた。結局私が旅行代理店に同伴することを提案し、ようやく重い腰を上げたのだった。

フェリーのチケットを手に胸をなでおろすアリさん(左)
(レスボス島で, 11月5日)

「前回のフェリー代金は一家三人で一八〇ユーロ(二万三四〇〇円)もかかりました。チケット代金を返してもらって、新しいチケットを買うことなんてできますか。英語での込み入った交渉なんて自信がない」

アリさんは旅行代理店に向かう道すがら、不安な胸の内を隠さなかった。私も困っている。冷静に考えてみれば、アリさん一家の欧州への旅路が動き出さないと、こちらの同行取材も始まらないからだ。

くしくも代理店は私が手続きしたのと同じ店。これなら手っ取り早そうだ。ところが、私に対してはすこぶる親切だった店員が、アリさんを見つけるや、ものすごい剣幕で怒鳴りつけた。

「今日これで三回目だぞ。お前は帰れ」

三回目？　どういうことかさっぱりわからない。

「手続きを何度説明しても、いつもアフガン人は要領を得ない。シリア人ならすぐ終わる。こちらがどれだけ迷惑を被っていると思っているんだ」

同じ難民でもアフガンを、シリアより「格下扱い」している様子がありありと見える。アリさんは、すでに失敗を重ねていたのだ。

「この人は友だちで、あやしい人ではないですよ。チケットの交換をしたいだけだから」

頭から湯気を立てんばかりに怒っている店員をなだめすかし、なんとか手続きに入ったが試練は終わらない。「難民」がチケットを買うには、ギリシャ警察が発行した紙切れ一枚の「通行許可証」が必要なのだが、アリさんは、本人分しか持ってこなかったのだ。店員から、家族全員分を持ってくるように、これまたきつくしかられて、もう一度キャンプへ。三〇分後に姿を現すと、行動を共にするシャラフさん(三八)とフセインさん(一八)の二人が一緒だった。

ちなみに旅行代理店は、両替業も営んでいる。

本来ならあるはずの交換レートの表示はない。ちょうど店を訪れたシリア難民らしき男性が五〇ドル紙幣を差し出し、欧州単一通貨ユーロへの両替を求めた。手渡されたのは四〇ユーロ。五〇ドルを一般的なレートで換算すると約四六ユーロだから、旅行代理店が差し引いた六ユーロ（七八〇円）を手にすることになる。ユーロの現金を「命綱」とする難民から、かなりの手数料をとって、荒稼ぎしているようだ。

一刻も早く欧州にたどりつきたい人々と、突然、終わるかもしれないビジネスチャンスが続いている間に、できるだけ稼ぎたい代理店。互いのむき出しの希望欲望が、ぼったくりとも言える交換レートに結実しているのだ。

すったもんだの末、アリさんら三人は、三日後の八日午前九時にピレウスへと出航する計八人分のフェリーチケットを手に入れた。軽口が弾んでいるのは、きっと胸をなで下ろしているからだろう。私も同行すべく再びチケットを変更した。周囲に、どうも似たような境遇らしいアフガン難民が何人も集まり、今度は逆にアリさんたちが「指南役」に回っている。

ホテルの部屋に戻り衣服を洗濯していると、手持ちのギリシャ携帯が鳴った。

「今度はうまくいきそうな気がします。ありがとう」

ゆっくりした英語で、アリさんの素朴な声が聞こえてきた。

一一月六日――レスボス島（ギリシャ）

ボランティアからもらったぬいぐるみを大切そうに抱える，アリさんの一人娘フェレシュテちゃん(左)(レスボス島で，11月6日)

出港時刻は八日午前九時。今度こそ出発にこぎつけられるはずだ。

待ちに待ったうれしい知らせは朝、やってきた。五日間も続いたストライキがようやく終わり、正常運航に戻ったのだ。出港まではあと二日。昼前、港近くのキャンプを訪ねると、アリさんは気もそぞろな様子だった。

「ギリシャ本土に着けば、すぐにバスでマケドニア国境へ向かいます。アテネに長居するつもりはありません」

長袖シャツ一枚で過ごせるほどの雲一つない陽気だが、四歳の一人娘フェレシュテちゃんはなぜか長靴姿で、お気に入りの象のぬいぐるみを手に走り回る。家族の思い出の品なのだろうか。

「ぬいぐるみも、長靴も、この島でもらいました。娘が今、身につけているもので、出発時からあるのはセーターだけです」

アリさんは、柔らかな笑顔で首を振った。

確かに四日前、初めてフェリーで会った時、アリさん夫婦が手にしていたのは毛布入りの黒いビニール袋二つに、バックパック一個だけだった。戦火がおさまらない故郷のアフガニスタンも、一時的に避難したイランも、家財道具も捨てて、とにかく前進してきた。アリさんは「捨てる」ことで、フェレシュテちゃんの将来を切り開こうとしているのではないか。

もっとも、人々はこちらが当初思い描いていたより、楽観的に、そしてたくましく日々を過ごしている。テントのすぐ側には、透明な海の青が美しいエーゲ海。ぽかぽか陽気の中、人々は岩場で洗濯にいそしんでいた。風呂やシャワーの代わりだろうか。海に飛び込んで、体を洗っている男性もいる。

波止場から釣り竿なしで、仕掛けをつけた糸だけを海面に垂らし、魚釣りに挑戦する人もいる。煙が上がっているので様子をうかがいに行くと、アフガン難民の若者が、首尾良く釣り上げたらしい四〇〜五〇センチはあるスズキに似た大きな魚をたき火で焼いていた。ボランティアが炊き出してくれる食事に賑わいを添える一品にするらしい。

アリさん一家と私が二日に追い出されたフェリー「ニソス・ロドス号」は午後四時にピレウ

スに向けて出港していった。これまで足止めされていた人々が押し寄せ、一気に賑やかになった港。私が宿泊する数百メートル先のホテルまで、ざわめきが聞こえてくる。

気になると、どうしても足は港へと向いてしまう。アリさんも様子を見に来ていた。

「出港が本当に待ち遠しい。やはり他の家族と枕を並べるテント暮らしは疲れますから。とにかくシャワーを浴びたい。もう二週間も浴びていないから。毎日、体を拭いているだけでは気分が滅入ります」

私はいったんホテルに戻ったが、念のため、港をもう一度見に行った。すると、またもキャンプから歩いてくるアリさんと出くわした。八日の出発を前に、いてもたってもいられないのだろう。

さらなるハプニングがなければ、二日後には、目的地ドイツへ陸つづきとなるギリシャ本土の地を踏めるはずだ。

一一月七日――レスボス島(ギリシャ)

こちらにとっては、一息入れることができる、気楽な一日がやってきた。フェリーチケットは確保できているし、出発まではあと一日あるので、時間に追い立てられない。

陽が高くなるまで、のんびり寝ていたこともあり、港近くの難民キャンプにアリさん一家を訪ねたのは午後もかなり遅くなってのことだった。最大の懸案だったチケット問題も片付き、暖かな日差しの下、おそらく、例の調子でまったりしているだろう。

そんな予想を覆し、アリさんの表情はいつになく真剣だった。

「ドイツを目指して本当に大丈夫ですか。対応が厳しくなっているとうわさになっています。スウェーデンの方が、親切に受け入れてもらえるのではないでしょうか。でも、スウェーデンという国は、ドイツよりもここから近いのですか？　一体どこにあるのでしょうか？　是非教えてください」

いきなり質問をぶつけてきた。北欧のスウェーデンは人口約九八八万人ながら、シリアやアフガンから逃れてきた人々を積極的に受け入れている「人道大国」である。ドイツは最近、アフガン難民の審査を厳しくし、強制送還を命じられる人が増えている。それにしても、一体どこで、そんな知識を仕入れてきたのか。

アリさん一家の旅のつらさは、ドイツに無事たどりついても「ハッピーエンド」で終わる保証がないことだ。唐突に核心を突かれ、うまく答えられなかった。

「それでもドイツを目指す人が、やはり一番多いのではないですか。政治的にも、経済的にも、EUを引っ張っている国ですよ」

ノートに手書きで簡単な欧州の地図を書いて、バルカンルート上にある国々やドイツ、スウェーデンの場所を説明する。スウェーデンがドイツよりさらに北に位置し、レスボス島からたどりつくには、もっと時間も、カネも、労力もかかることを知って、アリさんはひどくがっかりしたようだった。

気を取り直したかのように、別の話題に変えてきた。

「そうそう。娘が、あなたの大きなカメラをとても気に入りましてね。昨晩、テントで寝る前に、写真をとってくれとずいぶんせがまれました。私はカメラを持っていないので、お手上げでした」

笑顔は、不安な気持ちを打ち消して、自らを励ますためだったのかもしれない。

一一月八日 —— エーゲ海、ピレウス、アテネ(ギリシャ)

アリさん一家を乗せたフェリー「ブルースター1号」は八日午前九時、アテネ近郊ピレウス

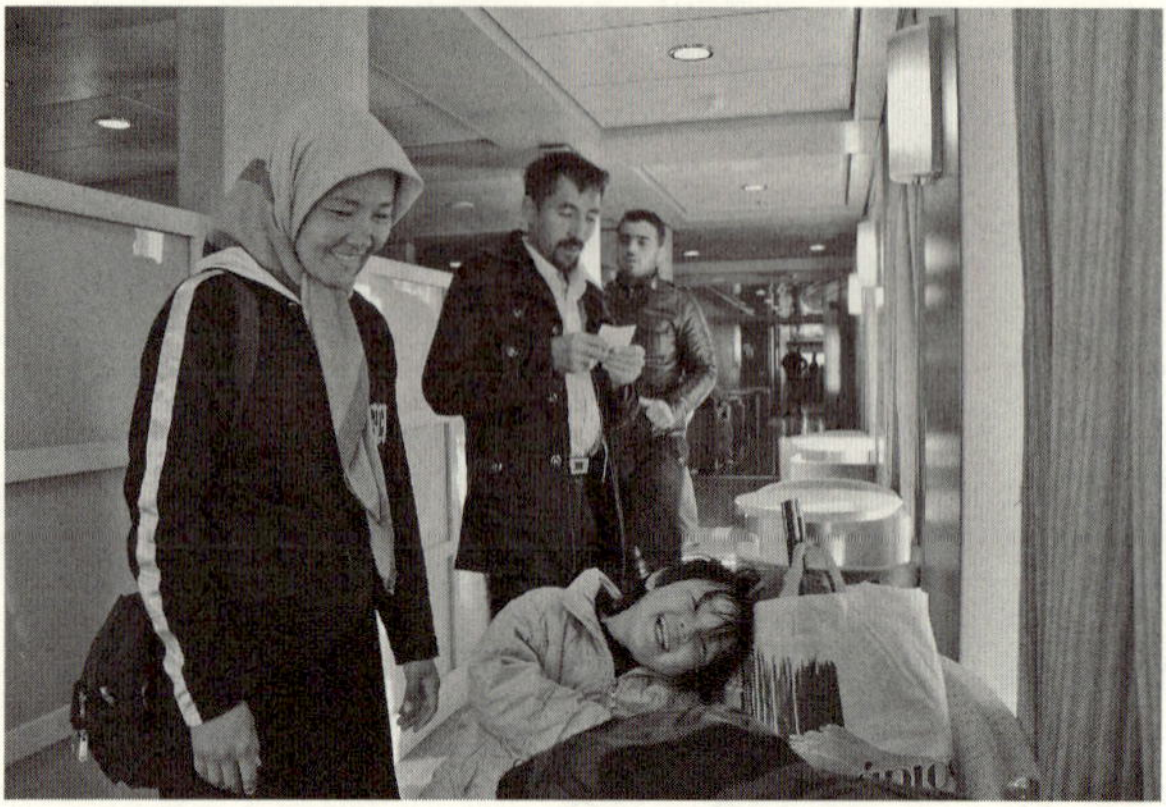

ピレウス行のフェリー内で，席を確保したアリさん一家（11月8日）

港を目指して快晴のレスボス島を定刻通りに離れた。重厚なエンジン音を鳴らし、力強く波をかき分け、エーゲ海をひた走る。

アリさん一家はバックパックに、大きなビニール袋を抱えてやってきた。今回は個室ではなく、大人一人五五ユーロ（七一五〇円）のソファシートに陣取った。

指折り数えると、実に七日越しとなる待望の前進である。

にもかかわらず、アリさんの表情はこの日もどこか冴えなかった。いぶかしい思いとともに、理由を尋ねてみる。

「アテネでお金を受け取る必要が生じました。実は手持ちの現金が一〇〇ユーロ（一万三〇〇〇円）ほどしかありません」

あまりに衝撃的な告白に、二の句が継げない。お金がなくては、どうひっくり返っても前に進めない。絶体絶命としか言いようがない状況を一体どう切り抜けようというのか。ではなぜ、前回、フェリーに乗り込んだ時に、割高な個室をとってしまったのか。野放図とも、ちゃらんぽらんとも言える金銭感覚は、何とも理解しがたい。

「家族三人が一〇〇ユーロで、ギリシャからドイツにたどりつこうなんて、いくら何でも無理ではないですか。交通費はどう工面するのです」

落ち着いて、落ち着いてと自分に言い聞かせながら、こう尋ねてみた。

アリさんの説明によると、今回は故郷のアフガニスタン中部バーミヤンに住む姉(三五)が、四〇〇ユーロ(五万二〇〇〇円)を送金してくれるらしい。ただし、それを足しても、ドイツにたどりつくにはあまりにも心許ない。

今回の船にはスピードは少し遅いが、Ｗｉ-Ｆｉがあった。ただし、五ユーロ(六五〇円)と有料だ。Ｗｉ-Ｆｉのことを伝えても、アリさんは苦笑しながら、首を振るばかりだった。

人々でごった返す船内は、六日前に乗り込んだ時よりも「難民船」「移民船」の度合いがさらに増している。電源という電源には、その昔、主人である源義経を守るため、押し寄せた敵の矢を全身に受け止めた武蔵坊弁慶を連想させるほど、携帯電話の充電コードがささりにささっている。

定員オーバーなのか、通路まで人々があふれて、寝転がっている。船会社は、ストで滞留した人々を少しでも多く島から運び出して、損失を取り返そうと必死なのかもしれない。

ごちゃついた雰囲気に、ギリシャ人の船員や店員のいらいらは相当なもので、客ではない難民がレストランやカフェに腰掛けるたびに、「ここはお前らの休憩場所じゃない」と怒鳴りあげて追い出していた。

もちろん、アリさん一家の足はレストランには向かない。家族三人で共用テーブルに腰掛け、どこからか持ち込んだピーナッツ一袋にオレンジジュース一本を分け合って、昼食にしていた。その後、ざわざわと落ち着かない船内を一向に気にするふうもなく、一家全員は数時間、ソファシートで泥のように眠りこけた。

一休みを終えて目覚めたアリさんが向かった先は、デッキだった。太陽の光が降り注ぐエーゲ海は、私には日本の瀬戸内海の明るさを連想させる風景だ。ほおをなでる海風が心地良い。内陸国のアフガンで生まれ育ったアリさんは、フェリーの旅がよほど興味深いのか、飽きる様子もなく何十分も海を見つめ続けていた。

私は、今回も個室に入った。船室に引き上げて、うたた寝していると、ドアをノックする音がした。タオルやシャンプーを手に抱えたアリさんだった。

「あのお、すみません。お言葉に甘えて、シャワーを使わせてもらいたいのですが」

遠慮がちに切り出してくる。船室は三畳ほどの広さながら、一応シャワーがあり、温かいお湯も出る。こちらは、朝、ホテルをチェックアウトする前に一浴びしてきた。アリさんから二日前に「シャワーを浴びたい」と聞いたのを思い出し、「せっかくの水がもったいないし、気が向いたらどうぞ」と、船内で話していた。

「やはり、シャワーはいいですね。本当に生き返りました。感謝します」

ひとつ風呂浴びたアリさんは髪が生乾きのまま上機嫌で帰っていった。

午後六時。事情はさっぱりわからないが、ぼったくりの旅行代理店に聞いていた予定時刻より四時間も早く、ピレウスの街の灯が見えてきた。ピレウス港は首都アテネから南西一二キロに位置し、紀元前からアテネを守る軍港として栄えてきた。二〇〇〇年以上の時を経た今も、エーゲ海の島々へと出掛けるクルーズ船の拠点として名をはせている。

船内は一気にざわめき出した。

「ここにたどりつくまで、ずいぶん長くかかったけど、ようやく前進できました」

アリさんはあふれんばかりの笑顔で荷物を手にした。船が碇を降ろすやいなや、人々は我先に降りようと、通路に殺到し、押し合いへし合いになっている。見失ってはいけないと、こちらはアリさん一家の背中だけを追いかける。

「ようこそピレウスへ」

何とか港に降り立つと、ボランティアの女性がフェレシュテちゃんに歓迎のあめ玉を渡しに駆けよってきた。ついに、これから陸路で北上するバルカン半島に降り立ったのだ。

その後の行動は、実に奇妙だった。マニュアルでも流通しているのだろうか。アリさんらの一群は、フェリー前に停車しているバスへ一斉に突進した。アリさん一家に食らいつくしかない私も、わけがわからぬまま乗り込んだ。ピレウスで一泊するのではないかと踏んでいたのだが、どうも自信がなくなってきた。

アフガン難民専用とおぼしきバスが五分ほどで目的地へ着き、人々が一斉に降りると、地元に住むという中年のアフガン人男性が立っていた。今度はその男性を先頭に、人々が一団となって行進していく。到着したおしゃれな丸い屋根の建物は、地下鉄ピレウス駅だった。

あわてて、ギリシャの日本語ガイドブックをバックパックから取り出し、該当ページを開く。ここはアテネ中心部に向かう地下鉄一番線の始発駅らしい。驚いたことに、人々は切符を買うそぶりさえ見せず、列車へとなだれ込んだ。日本ならまず考えられない、かなり大がかりで、あからさまな無賃乗車だが、誰も注意しない。足の踏み場もないほどの満員列車の乗客は、ほとんど難民・移民だ。

「ビクトリア！」

「ビクトリア！」

車内のあちこちで、人々は合言葉のように「ビクトリア」を連発する。あいにく、アリさん一家は、隣の扉から列車に乗り込んでしまった。不安な思いでアリさん一家の様子をちらちらうかがいながら地下鉄に乗ること約三〇分。人々が一斉に下車したのは、「ビクトリア駅」だった。

アリさん一家は完全に人々の流れに身をゆだねている。階段を上がると、小学校の運動場ほどのスペースに、人々があふれんばかりだ。西欧諸国を目指すアフガン出身者の「たまり場」となっている、アテネ中心部のビクトリア広場だった。

アテネに着いた後、次に目指すべきは、かつて存在した旧ユーゴスラビア連邦の最南端にあたるマケドニアとの国境である。レスボス島の旅行代理店でも、アテネ発マケドニア国境行のバスチケットが売られていたが、アリさん一家はまだチケットを手にしていない。広場では、人々が続々と到着するたび、チケット売りがめざとく駆けより、必死に営業をかけていた。

「マケドニア国境へすぐ行けるかは、明日、送金をうまく受け取れるかにかかっています」

やはり、いかに旅費を用立てるかが、アリさんの心のかなりの部分を占めているようだ。ビクトリア広場で九日午前九時に待ち合わせ、すぐ近くのホテルにチェックインした。アフガン難民の集団行動は、さっぱり読めないから、広場近くにいないと心配で仕方なかったのだ。アリさんとは握手して別れたのだが、本当に再会できるだろうか。

一一月九日――アテネ（ギリシャ）

朝から親子連れの顔を一体、何回のぞきこんだことだろうか。

アフガン難民の「たまり場」となっている、アテネ中心部ビクトリア広場。時計の針は、再会を約束した午前九時をもう二時間も過ぎて、一一時を指しているのに、いくら待ってもアリさんがやってこない。メールやソーシャルメディアを使っていないアリさんとの唯一の連絡手段である地元携帯を鳴らしてもつながらない。

ギリシャの首都アテネは人口約三〇〇万人。人口八万六〇〇〇人のレスボス島で見失うのとは訳が違う。はぐれてしまったかもしれないとの不安がひたひたと押し寄せてくる。市内の難

多くのアフガン難民が集まるアテネ中心部のビクトリア広場(11月9日)

民キャンプをしらみつぶしに尋ね歩くしかないのか――。

公園のベンチにたたずんで途方に暮れていると、こちらの地元携帯が鳴った。

「本当にごめんなさい。バーミヤンの姉が送ってくれているはずのお金の受け取りがうまくいかずに、明日にずれ込みそうです。だから、今夜の出発はありません」

アリさんの申し訳なさそうな声が聞こえてきた。

アリさんは昼前、家族を連れずに現れた。事のいきさつはこうだ。八日夜に私と別れてから、たむろしていたアフガン難民は警察官から、安全確保を理由に、広場から追い払われたという。人々の動きに身を任せ、荷物とフェレシュテちゃんを抱え、訳もわからず、地下鉄を乗り継ぐこと約三〇分。別のキャンプにたどりついたという。

「妻と娘は疲れているので、まだキャンプで休んでいます」

無理もない話だ。長い船旅を終えた後に、さらに言葉も通じない、見ず知らずの異国の首都で、何回も地下鉄に乗るなんて、心身ともすり減るに決まっている。それにしても、広場を占拠するようなアフガン人の集まり方はただごとではない。

「情報交換し、助け合うのです。ここで国境行きのバスを手配することもできる。安いバスは一人三〇ユーロ(三九〇〇円)程度らしい」

土地勘のない異国だからこそ、同胞が頼りということなのか。アリさんは送金を待つだけでなく、別の手段も考えているようだった。

「姉からの送金がうまくいかない場合も考えて、アテネに住む知人に資金を用立ててもらえないか相談に行きます」

しばらくすると、アリさんは私にこう告げて、友人らと足早に広場を去っていった。

ここに来て改めて痛感するのが、ひとくちに難民や移民と言っても、出身地による「経済格差」が大きいことだ。特にアフガン難民は、シリア難民らと比べると資金力がはるかに乏しい。

たとえば、レスボス島で食堂に入ると、シリアからやってきた家族連れや若者が傍らで食事を楽しんでいる場面によく出くわした。ホテルには毎日、大きな荷物を背負ったシリア難民が、女主人に部屋に空きがないかを尋ねに来ていた。もちろん、彼らも全財産をはたいた必死の旅の途中なのだろうが、こうした場面で、アフガン難民と巡り会ったことは一度もない。皆、ボランティアが炊き出す食事を求めて列をなし、掘っ立て小屋やテントで夜露をしのいでいた。

「もう無一文です」

この日は、レスボス島から同じフェリーでやってきたイスハク・ナザリさん(二六)に偶然広場で再会したが、今にも泣きべそをかきそうな顔をしていた。ナザリさんは初めて島で出会った三日前、確かこう言っていた

「早く船が動いて欲しい。冬が近づく前にドイツかノルウェーに行きたい。自分は一家の先発隊なんですよ。目的地に着いたら、すぐにでも資金をかき集めてくれたアフガンの家族や恋人を呼んであげたい」

ナザリさんもまた、アリさんと同じ危機に直面しているのだ。だから彼らの旅はスムーズには進まない。

広場では、アリさんが「友人」と呼んでいる男性が、他のアフガン難民にも積極的に声かけしていた。身のこなしは「友人」というよりも、売り込みをはかる「業者」に限りなく近く、

アリさんも、アテネに来てから知り合ったようだ。「友人」は、部外者の立ち入りを拒むかのような雰囲気を漂わせていた。

夕方近くなって広場に行くと、アリさんは再びそこにいた。

「明日午後九時にマケドニア国境へ出発するバスがあります。何とかそれに乗りたい。次の日の朝にはマケドニア国境にたどりつきますから」

旅費のめどがついたかは口にしなかったが、どこか手応えを感じている顔つきだった。

一一月一〇日——アテネ(ギリシャ)

朝から携帯電話を何度見つめたことだろう。

アフガン難民でごった返すアテネ中心部ビクトリア広場。前日に引き続き、またもアリさんとの交信が途絶えた。何度か電話をかけたけれど、反応がない。

昼過ぎにようやくつながったが、電話越しの声はアリさんではなく、妻の夕ヘリーさんだった。

「アリはそばにいません。携帯電話も置いたままです。でも、私たちはまだアテネにいます。

アテネ中心部からマケドニア国境へと向かうバスを前に，ほっとした表情を浮かべるアリさん（11 月 10 日夜）

ＯＫです」

ＯＫの根拠はまったく不明ながら、たどたどしい英語で、快活な声が返ってきた。

やきもきしていると午後二時過ぎになって、ようやくアリさんから電話がかかってきた。

「予定通りです。今夜、出発できると思います。三時間後に広場で会いましょう」

私がアリさんと同じバスに乗れる保証はないが、はぐれないためには何としても同じ便か、限りなく同じ時間に出発するバスのチケットを取らないといけない。ここはチケット売りへの聞き込みが必要だ。

「バスの出発は午後八～一〇時に集中している。どのバスも値段は大人一人だいたい三〇ユーロ（三九〇〇円）だ。今夜のチケットなら、今からでも買うことができる。買いたい時は、いつでも俺に声かけしてくれ」

自信たっぷりのチケット売りの顔は、「かなりの本数のバスが、マケドニア国境へ出発している」と教えてくれている。裏返せば、それだけ大量の難民・移民が移動しているのだ。たとえアリさんと同乗できなくても、こちらは別のバスに飛び乗ればいい。だいたい同じ所までは行くことができるだろう。

ところが、広場で再会できたのは、家財道具を抱えたタヘリーさんと一人娘のフェレシュテちゃんだけだった。アリさんは、故郷バーミヤンから姉が送ってくれた資金の受け取りに行ったまま、まだ戻っていなかった。

広場で腰掛けて待ち続けること二時間。時折タヘリーさんに電話がかかるが、アリさんは姿を現さない。普段にこやかな笑みをたやさないタヘリーさんの顔が、完全にひきつっている。またも何らかのトラブルに見舞われているらしい。

あたりがすっかり暗くなった頃、再び電話がかかってきた。アリさんからだ。表情がぱっと明るくなったタヘリーさんから携帯電話を手渡される。

「ようやくお金を受け取れました。その足でバスのチケットを買っています。あなたの分も買っておきます」

これはありがたい。一緒のバスに乗ることができれば、とりあえずの目標にしていたマケドニア国境まで同行できる。

道すがら、こちらも同じく大きな荷物を手にした難民らの人だかりができているバスを何台も目にした。これらもまたマケドニア国境まで向かうのだろう。

広場から荷物を抱えて一五分ほど歩くと、この日初めて見るアリさんが待っていた。

バス代は、大人一人二七ユーロ（三五一〇円）。一時は所持金が一〇〇ユーロ（一万三〇〇〇円）になったアリさんに立て替えてもらい、どこか申し訳なく感じた。

「おつりは結構ですから」

三〇ユーロ渡しながら、左手で待ったをかけたが、アリさんは笑顔で首を振り、こちらの右手のひらに三ユーロ分の硬貨を乗せてきた。

経由国の対応はさらに厳しさを増している。この日、スロベニアのミロ・ツェラル首相（五二）は、難民らの流入を制限する「越境防止フェンス」をクロアチアとの国境で近く建設すると表明した。

ハンガリーはすでに、セルビアとクロアチア両国との間の難民が使ってきた国境を閉じているので、欧州への残された道はもう、スロベニア経由しかない。その旨を説明すると、アリさんはマケドニア国境でとどまらず、とにかく前進すると腹をくくった様子だった。

白髪頭のギリシャ人運転手と私を除いた乗客は、アフガンやシリアの人ばかり。これはれっきとした「難民・移民バス」である。

バスに乗り込むと、困ったことに運転手が、ギリシャ警察が欧州を目指す人々に発行する「通行許可証」のチェックを始めた。いくら日本人の顔が、アリさんらハザラ人に似ていると言っても、私はパスポートしか持っていない。石にかじりついてでも、バスからたたき出されるわけにはいかない。中ほどの席に座る私は、あわてて眠ったふりをし、薄目を開けて様子をうかがった。

こちらの心配など知るよしもないギリシャ人運転手は、前方の数列だけチェックするとあっさり運転席に戻っていった。ストライキでフェリーに乗り損なった時は、お気楽なギリシャ人気質をずいぶんうらめしく感じたが、今回のような局面では、手を合わせたくなるほどありがたい。

午後九時半、アリさん一家と私を乗せたバスは、約四〇人の乗客と家財道具を満載してアテネから一路、北へと走り始めた。一一日朝にはマケドニア国境へとたどりつく。果たして一緒に、マケドニア領を旅することができるだろうか。

❖プッシュ要因

「故郷に戻るのは無理だし、自分は外国人。仕事を探すには、手に職をつけるしかないのですが」

二〇一五年一月、シリア内戦を逃れた人々が殺到してくるトルコ南部の国境の街キリス。シリア難民のムスタファさん(二八)は、大きなため息をついた。聞けば英語を猛勉強中という。

シリア国境から約五キロしか離れていないキリスは、目立った高層ビルもなく、商店が軒を連ねる素朴な雰囲気。トルコ系住民約九万五〇〇〇人に対し、一一年の内戦開始後から増え続けたシリア難民は約一五万人。人口比が逆転した。

レストラン経営のトルコ人、モハメト・カヤさん(四〇)は「この小さい街には仕事もあまりなく、とてもシリア人を支えきれない。シリア人に包囲されて生きている感じだ」と首をすくめた。

シリアから来た人すべてが、難民キャンプで寝起きしているわけではなく、かなりの割合でアパートを借りている。賃貸契約をめぐり、地元住民とのトラブルも多発していた。

シリアから隣国に逃れても、生活への希望はなく、受け入れ先の地元にもきしみが生じる。そして、内戦は泥沼化するばかり。そこへ欧州の手厚い難民支援の情報がソーシャルメディアで広がれば、人々の背中を押さないわけがない。

ギリシャ・レスボス島で出会ったアフガン難民のアリさんたちも、避難した隣国イランでの生活に絶望していた。シリア、アフガン。国は違っても、人々を欧州へと押し出す要因は共通している。

第二章　旧ユーゴスラビア

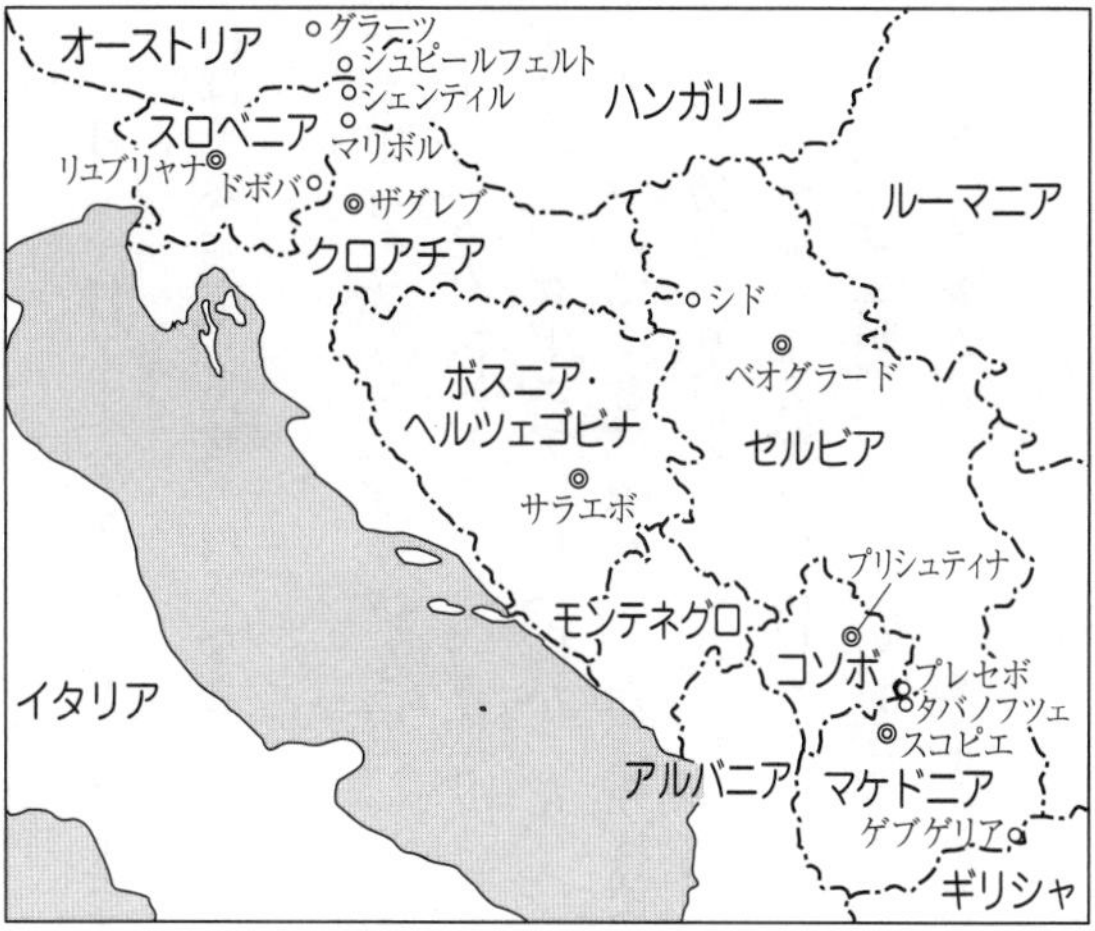

オーストリア
グラーツ
シュピールフェルト
シェンティル
マリボル
ハンガリー
スロベニア
リュブリャナ
ドボバ
ザグレブ
ルーマニア
クロアチア
シド
ベオグラード
ボスニア・
ヘルツェゴビナ
セルビア
サラエボ
プリシュティナ
モンテネグロ
コソボ
プレセボ
タバノフツェ
スコピエ
イタリア
アルバニア
マケドニア
ゲブゲリア
ギリシャ

一一月一一日——ゲブゲリア（マケドニア南部）

敬虔なイスラム教徒に、大仏さまの写真をほほえみながら見せられるなんて、間違いなく、これまでの人生で初めての体験である。

ドイツを目指すアフガニスタン中部バーミヤン出身のアリ・バグリさん（三〇）の一家は一〇日夜、故郷の姉（三五）が送ってくれた四〇〇ユーロ（五万二〇〇〇円）を受け取り、満員の「難民・移民バス」に乗って、ギリシャの首都アテネからマケドニア国境へ向かった。

すぐ後ろの席に座るアリさんが、こちらを指でつついてくる。振り返ると、今は使っていない携帯電話の画面を見せてきた。アフガンの旧支配勢力タリバンに破壊された高さ五五メートルの大仏像や、民族衣装で踊る人々をはじめとする故郷バーミヤンの風景だった。

「本来は、のどかなとても良いところなのです。家族全員で、いつかの日か戻ることができればと思っていました。でも、あきらめました。アフガンから、タリバンや他の武装勢力がいなくなり、平和が戻るとはとても考えられない」

傍らでは、アリさんの故郷を知らない一人娘のフェレシュテちゃん（四）が寝息を立てていた。

マケドニア国境までは、東京–大阪間より少し長い約五五〇キロ。アテネからドイツ国境までは残り約二〇〇〇キロだから、レスボス島で足止めを食った日々を思えば、飛躍的な前進である。

未明の高速道路をひた走るバスの中は、冬支度には早すぎた暖房の利き過ぎで、うだるような暑さに見舞われている。運転手が時々、バスの天井を開けて、換気してくれるが、効果はほとんどない。座席が硬いこともあり、アリさんやタヘリーさん(二八)は、ほとんど眠れない様子だ。二人がけの席に家族三人で、窮屈な姿勢で座っているので無理もない。

バスは途中、高速道路のサービスエリアに一回、トイレ休憩のために止まっただけで、出発から約八時間後の一一日早朝、ギリシャ側の国境へ着いた。ほとんど民家がない、だだっ広い平原では、すでに着いていた数十台のバスが、ギリシャ側の審査を待って、列をなしていた。

アリさんは、早速、バスの外に出て、今後の旅に思いをめぐらせていた。私は、運転手に頼んで、自分のキャリーバッグとバックパックを取り出してもらった。

アリさん一家とは、いったんここで別れなければならない。マケドニアへの入国といっても、私のような「一般旅行者」と「難民申請者」で入り口が違うからだ。私には旅券審査があり、アリさんはマケドニア側のキャンプで「通行許可証」をもらう必要がある。

ギリシャ・マケドニア国境で今後の経路を考えるアリさん(11月11日)

ギリシャ・マケドニア国境こそが、アリさん一家を見失う可能性が一番高い踏ん張りどころだ。絶対にアリさんを見失うことなく、国境を越えたマケドニア側で、何としても合流を果たさなければならない。

連絡手段を確保するため、三か月ほど前マケドニアに出張した際に使ったプリペイドの地元携帯電話を、アリさんに手渡した。ラッキーなことに、まだ少しは通話料が残っている。たとえ、アリさんが通話料を使い果たしても、こちらが別のマケドニアの地元携帯を手に入れて電話すれば、話すことができるはずだ。再会すれば、また返してもらえばいい。

「私から連絡しますよ。すぐに会いましょう」

こちらの心配を知らないアリさんは、笑顔で手を差し出してきた。

アリさん一家と別れると、バスが来た道を五〇〇メートルほど歩いて戻り、うまい具合に居合わせたタクシーに飛び乗った。

マケドニア側の国境の街ゲブゲリアは、八月にも取材で訪れたため、そこまでたどりつけばレスボス島やアテネよりも土地勘があるのが、かすかな救いだ。

ところが、国境越えは、こちらの予想より、ずいぶんまどろっこしかった。タクシーの運転手は一〇分ほどして、正規のギリシャ側国境検問所の前に着くと、私を置いて走り去っていった。ギリシャとマケドニアは、高速道路でつながっているが、タクシーの営業はよほどの緊急事態でない限り、それぞれの国内だけで営業しなければならないという決まりらしい。

検問所で、ギリシャ側の入国管理官のチェックを受ける。車で国境を行き来する人が圧倒的に多く、キャリーバッグを引いてバックパックを背負って突然出てきた日本人に、管理官はくすくす笑っている。

審査自体はごくあっさりしたもので、管理官は「これからは、高速道路を歩きなさい。そうすれば、マケドニア側の検問所が見える」と送り出してくれた。

その先、五〇〇メートルほど続く高速道路が、ギリシャ・マケドニアの緩衝地帯ということらしい。指示を忠実に守り、びゅんびゅんと追い越していく車を横目に見ながら、とぼとぼと歩く。七、八分歩くと、赤地に光を放つ黄色の太陽を描いた国旗が描かれた「ここからはマケドニア領」の大きな標識が目に入り、まもなく、マケドニア側の検問所へとたどりついた。

マケドニアの入国管理官のチェックも、のんびりしていた。入国許可をもらって前進すると、ラッキーなことに、マケドニアのタクシーが何台か止まっていて乗り込むことができた。なんだかんだで、ギリシャ側国境から一時間以上かかったものの、ゲブゲリアの街並みが見えてきた。

マケドニアと聞いて、真っ先に思い浮かべるのは、やはり、紀元前の時代に東方遠征によって、空前の領土を手にした「古代マケドニア王国」の英雄アレクサンダー大王（紀元前三五六―三二三）である。ただし、今のマケドニアの正式名称は「マケドニア旧ユーゴスラビア共和国」。人口約二一〇万人で、大きさは九州の三分の二ほどの小国だ。

今は消滅してしまった旧ユーゴスラビア連邦の南端に入ったという言い方もできる。ここからアリさんは、ドイツを目指し、旧ユーゴの大地を縦走するのだ。

ゲブゲリアは人口約一万五〇〇〇人。八月下旬、マケドニア警察が押し寄せる難民らに催涙弾を打ち込んで、けが人が出る大騒ぎとなったため、急遽、現場に駆けつけたのだった。地元では「カジノの街」として名をはせているらしいが、田舎町の風情が漂うゲブゲリアに、まさかもう一度、足を運ぶことになるなんて、夢にも思わなかった。

朝っぱらから真っ先に飛び込んだのは、近くのホテルだ。ほとんど電池がなくなったパソコンや携帯電話などを大急ぎでコンセントにつなぐ。もちろん、一泊するつもりはないが、先の見えない旅だけに、補充できる時にとにかく何から何まで補充した方がいい。電池の充電具合と、自分の見立てを天秤にかけながら、二時間ほどでホテルをチェックアウトした。

前回の取材では、ゲブゲリアに入った人々は、バスかタクシーで次なる通過国セルビアへと向かっていた。乗り場は一つしかない。そこで待てば必ずアリさん一家に再会できるはずだ。人々が難民キャンプで一休みし、登録手続きもすることを考えれば、まだかなりの時間的余裕があるはずだ。

ところが、どれだけ待っても、アリさん一家が姿を見せない。人々が押し寄せてはいるのだが、八月に目撃した圧倒的な人波に比べると、どうも数が少ない。だんだん不安が押し寄せてきて、とうとう我慢できなくなって、タクシー乗り場から一キロほどギリシャ国境に引き返す形となる難民キャンプへと走った。

キャンプの様子は三か月前と様変わりしていた。城壁を思わせるかのように、敷地の周りがフェンスで囲まれ、マケドニア政府の許可がない限り、立ち入り禁止になっていた。

「面倒くさい手続きはいいから、さあ行った、行った」

八月はいとも簡単に通してくれ、親切に現場への道順まで教えてくれた警察官。

「政府の許可証がなければ、誰も通すことはできない」

一転、ゲートの前に仁王立ちしている。

フェンスの外から中を覗き込んで息をのんだ。こちらが入れないキャンプ内に五両編成の列車が停車しているではないか。八月には、こんな列車はなかった。

タクシー運転手や警察官に聞き込んでわかったのだが、北へ約一〇〇キロ離れたセルビアとの国境の町タバノフツェへ難民らを運ぶ「特別列車」が仕立てられていたのだ。プラットフォームはないものの、乗車券を売る臨時の改札口までできていて、係員が大きな声を張り上げて、人々を誘導していく。

特別列車の運賃は一人二五ユーロ(三二五〇円)。バスやタクシー(四人乗り)も、タバノフツェまで一人二五ユーロの統一価格になっている。地元経済を支えるタクシー運転手らにも、利益を公平に配分するため、最近になってそう決まったらしい。

マケドニア政府に難民らを受け入れる意欲はかけらもない。人々もマケドニアに永住するつもりなんてさらさらなく、一刻も早くドイツなどへ向かいたい。実は、お互いの目先の利益は一致している。だから、「第二次世界大戦後、欧州で最悪の人道危機」において、マケドニアは官民挙げての「送り出し作戦」を展開しているのだ。

マケドニア南部ゲブゲリアで，政府が用意した「特別列車」に乗り込む難民や移民(11月11日)

逃れてきた人々をためらいもなく国外にたたき出すなんて、非人道的なとんでもない国だと思う人がいるかもしれないが、それはお門違いだ。

八月に首都スコピエからゲブゲリアへ向かった際、冷房も、扇風機もかかっていない、車体は落書きだらけの古ぼけた列車に乗り合わせたピザ職人、オルチ・ヨーバノフさん(一八)が、一〇〇デナール札(約二二〇円)三枚を手に話しかけてきたエピソードを紹介したい。蒸し風呂のような車内で、まくしたてるヨーバノフさんの訴えを、こちらは汗だくになりながら耳を傾けた。

「何だと思いますか？　僕が今日七時間、熱い窯の前に立ち、ピザを焼き続けて稼いだ日給ですよ。国民にさえ十分な仕事がないのです。自分のことにも手が回らない貧しいこの国が、他人の面倒を見るなんてむちゃくちゃな話と思いませんか」

日本に比べると、マケドニアの物価は圧倒的に安いとは言え、単純計算すれば、ヨーバノフさんの時給は約九〇円である。たしかにのろのろとしか走らない列車の車窓に目をやると、あばらやのような家々や朽ち果てて稼働していない町工場ばかりが目に飛び込んできたのだった。手に入れたマケドニアの地元携帯から、アリさんに手渡したマケドニア携帯を何度鳴らしても通じない。故障でもしたのだろうか。このままでは、アリさん一家探しは、完全にお手上げだ。

日が傾いてから、ようやくマケドニア内務省の許可をもらって、キャンプ内に入ることができた。ひっきりなしに、難民らがキャンプ内に入ってくる。係員は約五〇人ごとに人々を集め、特別列車、バス、タクシーの三つの交通手段からどれを使いたいか尋ねている。一番人気は特別列車で、だいたい答えの八割方を占めていた。

その脇で、こちらはアリさん一家を探し、目を皿のようにして、一人一人の顔を必死にのぞき込む。

日ごろめったに見かけない日本人が顔をひきつらせながら、キャンプをほっつき歩いているのを気の毒に思ったからだろうか。警察官のアレクサンダー・ディモスキさん(三五)が声をかけてくれた。事情を説明すると、プレハブの控え室に入り、この日発行された通行許可証にアリさんの名前がないかを調べてくれた。個人情報にうるさい日本では、まずあり得ない対応で、こちらは人の情けに触れてありがたいやら、申し訳ない気持ちでいっぱいである。

名前はなかった――。

「ということは、つまり、私が探しているアリさん一家はまだギリシャ側にいるということですよね？」

内心ほっとしながら、念押しした私に、ディモスキさんは、気の毒そうに首を振った。

「そうとは限らない。今日は、一五〇〇人ほどがギリシャの通行許可証のまま移動を許可された。こちらもフル回転しているのだけど、毎日すごい人数だから、作業がとても追いつかない。だから、毎日、臨機応変に対応するしかないんだよ。探している家族が、朝早くに国境に着いていたなら、もうここを出発したかもしれない」

万事休すか――。どこなら再会できる可能性が残っているのだろう。

ディモスキさんは、セルビア南部プレセボに行くことを提案してくれた。

「あなたが思っている以上に、ここから人々の足はぐっと速くなる」

ディモスキさんはアドバイスを重ねた。ここで待ちぼうけを続けるよりも、先回りした方が、チャンスがある気がしてきた。

タクシーに飛び乗り、プレセボへの道中に位置するセルビア国境に近いタバノフツェの難民キャンプを目指した。大きな工場もなく、民家も少ないからだろうか。窓越しには、人生でもう二度と見られないのではないかと思うぐらいの無数の星々が夜空にまたたいている。

特別列車やバスの目的地であるタバノフツェには二時間弱で着いた。しかし、難民らのキャンプにアリさんの姿はない。明日のことも考えて、パソコンや携帯電話の電池も補充しなければならない。結局、こちらは何の収穫もないまま、肩を落として、数キロ離れたホテルに入ったのだった。

一一月一二日——プレセボ(セルビア南部)

マケドニア北部タバノフツェのホテルを朝、出発する前に、アリさんに手渡したマケドニア携帯に電話をかけてみた。呼び出し音は確かに鳴るが、アリさんは出ない。携帯がいよいよ通じなくて、アリさん一家の居場所がわからないなら、国境を越えて、次の経由地となるだろうセルビア南部プレセボへ向かうしかない。

ホテルからセルビアとの国境まではタクシーで約一〇分。マケドニア側の国境検問所を通り、ここでも両国の緩衝地帯となっている高速道路をとぼとぼ歩いた。セルビアの検問所も通過して入国できたものの、期待していたタクシーの姿がどこにもない。さらに一五分ほど高速道路を歩いてたどりついた近くのガソリンスタンドの店員に頼んで、何とかタクシーを手配してもらった。

プレセボまでは約二〇分。道すがら、何十台ものバスが停車しているのが見えた。

「あのバスで、クロアチア国境まで人々を一気に運ぶんだ」

タクシーの窓にへばりついて、食い入るように覗き込む私に、運転手は笑いながら解説してくれた。

ようやく昼前になって、難民キャンプに到着した時、真っ先に目に飛び込んできたのは、思わずオーッと驚きの声を出したほど、長い長い行列だった。ざっと一キロ、いやそれ以上は続いている。見通しの良い二車線道路の中央に柵が設置され、約五〇人ずつにまとめられた人々が柵の向こう側に並んでいる。

「隊列を乱すな」

警察官のとんがった怒鳴り声が響く。同じ警察官でも、マケドニアのディモスキさんらより、かなりピリピリしている。タクシーを降りた私は、キャンプへ向かう難民らの流れに逆行する形で、柵の「こちら側」を歩いた。アリさんを探し、長旅の疲れが明らかに見て取れる人々の顔を注意深くうかがっていく。

二〇〇メートルほど歩いた時だ。「アリさんは後ろにいる」と、ギリシャのレスボス島のキャンプで何度か会釈を交わしたことのあるアフガン難民の男性に声をかけられた。どきどきしながら歩みを進めると、アリさんは、なぜかモップを手にゴミが散乱する路上を掃除していた。柵の後ろに、妻の夕ヘリーさんが、フェレシュテちゃんを抱っこして控えていた。二〇メートルほど離れた場所で見ても、疲労が顔にこびりついているのがわかる。アリさんにはとても近づけない。不幸中の幸いなのは、この日もセーターがいらないほどの好天に恵まれたことだろうか。

三人が順番待ちをしている光景をカメラにおさめようとシャッターを押した瞬間、セルビアの警察官が叫び声とともにこちらに走ってきた。

「なんでお前は、ここで写真を撮るんだ。まだ取材許可を取っていないだろ」

問答無用の雰囲気で、詰問してくる。セルビア当局の「取材許可証」がないと、キャンプ内への立ち入りも、人々の様子も撮影できないらしい。友好的とは思えない雰囲気を考えると、

モップを手に掃除をしていたアリさん(右から2人目)(セルビア南部プレセボで，11月12日)

ここで今から申請してもひたすら待ちぼうけを食って、きっと時間ばかりが無駄になる。

とにかく、事を荒立てて、アリさん一家を収めた一枚こっきりのデジタルカメラの画像を消去されるのだけは避けたい。素直に頭を下げて謝り、こってりしぼられたものの何とか解放された。結局、プレセボでは写真を数枚しか撮影できなかった。

さらに進むと、アリさんと行動を共にしていたシャラフさん(三八)がいた。レスボス島でアリさんたちと、振り替えのフェリーチケットを必死で手に入れた、あのシャラフさんである。

「会えてよかった。ものすごい列に並ばされてしまって、こちらもびっくりですよ。アリはもう少し前にいるはずですが、見つかりましたか？」

まだアリさん一家と行動を共にしているらしいシャラフさんは、人波をかき分けて、近くまで歩み寄ってきてくれた。

「すぐ列に戻れ。勝手に動けなんて言っていないだろ」

間髪を入れずに、別の警察官が飛んできて、強い調子で命じた。あっけなく私たちは引き離されて、これ以上話すことができない。

さあどうしたものか。長蛇の列をぼんやり眺めて、思いをめぐらせているところへ、首を長くして待っていたアリさんからの電話がかかってきた。アリさんのいつもより少し早口な口調が、慌ただしい雰囲気を伝えてくる。

「マケドニアから昨夜、列車でやってきました。今は、滞在証明をもらうために並んでいます。何とか大丈夫です。このまま前進します。また連絡します。またお会いしましょう」

昨夜、列車でやってきた？　ということは、私がゲブゲリアを離れた時間よりもアリさんは早かったのか、それとも遅かったのか。短い会話しかできず、なぜ掃除をしていたのかも聞きそびれた。いずれにせよ、マケドニアは一日で通過し、移動のスピードは加速している。レスボス島で足止めされ続けたのとは大違いだ。

欧州を目指す人々は、滞在証明があれば、セルビアに七二時間滞在できる。クロアチアとの国境の町シドへ向かう大人一人三五ユーロ(四五五〇円)のバスと、一人一五ユーロ(一九五〇円)の列車が用意されている。バスなら所要約八～九時間、鉄道は懐には優しい分、ぐんと時間がかかって約一二時間。四歳のフェレシュテちゃんがいることを考えれば、アリさん夫婦が鉄道を選ぶとは考えにくい。

キャンプから歩いて数分の距離にある鉄道駅には「滞在証明がなければ、キャンプに連れ戻される」とのメッセージが、英語やアラビア語、ペルシャ語で書かれていた。

予想をはるかに上回る厳しい規制。アリさんとの長時間の接触は、ここでは不可能なようだ。とにかく、アリさんがセルビア入りしたことは目撃できた。一枚だったが一家の写真も撮影し、電話でも話すことができた。

やはり、クロアチア国境へ先回りした方がいいと判断し、プレセボを後にすることにした。タクシーに飛び乗ると、セルビアの首都ベオグラードまでは、約二時間半の距離である。

夜、ベオグラードのホテルに入ってから、アリさんの携帯電話を鳴らしたが、うまく通じない。明日は、クロアチア入りすることになるのだろうか。

一一月一三日——シド(セルビア西部)

朝、セルビアの首都ベオグラードのホテルを出発した。私を乗せたタクシーは、西部シドへ向けて、起伏がなく、まっすぐに伸びる高速道路をひた走った。一時間半もあれば、シドにたどりつくという。

南部プレセボのキャンプで姿を確認できたアリさんは、次にクロアチアとの国境に位置するシドへ向かうはずだ。なぜなら、欧州へ向かう人々は、例外なくシドから、クロアチア政府が用意した「特別列車」に乗っているからだ。シドから列車で一〇分ほど走るともうクロアチア領だ。

「あっ」

あと二〇分もすればシドという地点で、高速道路のサービスエリアを通り過ぎた瞬間、運転手がこちらを振り返るほど、素っ頓狂な声をあげてしまった。サービスエリアに駐車した数十台のバスが、プレセボで目撃したバスと、うり二つだったからだ。ほんの一瞬だったが、エリア内の店に明らかに難民や移民とおぼしき人々が殺到しているのも見えた。

「きっとプレセボから人々を乗せてきたバスだ。ラジオのニュースでも、そんな話が流れて

クロアチアに越境する列車に乗り込む人々（セルビア西部シドで，11月13日）

いたよ」

男性運転手はこう話してくれた。

唯一の連絡手段だったマケドニアの携帯電話は、完全につながらなくなっている。こうなると、自分の目で一家をシドで見つけ出すしかない。

町外れにあるシド駅にたどりつくまで、サービスエリアから一〇分もかからなかった。駅には貨物線らしい線路が何本も走るが、客車用のホームは一つだけ。地面から約二〇センチの高さで、ホームの幅は一メートルほど。駅舎は小さな二階建てだ。

うまい具合に、駅前に小さなホテルが見つかった。身の回りの品をすべて詰め込んだバックパックを背負いながらの行動は体力を消耗するので、すぐさま飛び込んでチェックインした。

幸いなことに、セルビア政府が、こちらが駄目もとで申し込んでいた「取材許可」を出してくれたので、シドでは大手を振って、堂々と取材できる。ホテルの部屋にも、スピードは遅いがＷｉ-Ｆｉもあり、とりあえずの態勢は整った。

小春日和の駅のホームにたたずんでいると、クロアチア国鉄の八両編成の列車がホームに滑り込んできた。待ってましたと言わんばかりに何台ものバスが駅に着いた。車窓から見えたバスは、列車の出発時間に合わせてサービスエリアで待機していたようだ。

「列車に乗り込みたいのなら、きちんと一列に並べ！」

連日の仕事にいらだっているのか、こういう気性の人が多いのか、いつもセルビアの警察官は怒鳴っている。傍らでは、ボランティアのダリボル・カラジャさん(二九)が、ざらついた雰囲気にも知らん顔して、難民らに支援物資を配っているところだった。

「一回あたり一〇〇〇人がクロアチアへ出発していく。こういう現場では、とにかく、スピードが勝負だ。エンドレスに人がやってきているからね。セルビアだけではなくて、クロアチアだって、隣のスロベニアへ人々を押し出したいんだよ」

カラジャさんによると、列車の料金はただで、ここを出発するとクロアチア東部のスラボンシキ・ブロッドへひとまず向かう。人々はそこで別の列車に乗り換えて、一気にスロベニア国境を目指すという。

セルビアとクロアチアは一九九〇年代のユーゴ内戦で激しく戦火を交え、今なお世界に名高い「犬猿の仲」だ。

その間柄を証明するかのように、難民や移民への対処をめぐっても、泥仕合を演じたばかりだった。

ハンガリーがセルビアとの国境を「越境防止フェンス」で封鎖したため、難民はセルビアからクロアチアへと迂回した。音を上げたクロアチア政府は、セルビアとの国境検問所のほとんどを閉じると同時に、セルビアからのトラックの入国を禁止した。経済に大きな影響をこうむりかねない事態に怒ったセルビアは、すぐさま、クロアチアからのトラックの入国禁止で応酬した。

欧州連合（EU）が仲立ちし、その後、何とか互いの封鎖は解かれたものの、元々が和解したとはとても言えないだけに、くすぶり続けている。たとえばクロアチアのゾラン・ミラノビッチ首相（四九）が「セルビアは国家としてまともに機能していない」とこけにすれば、セルビアのアレクサンダル・ブチッチ首相（四五）も「自分の選挙キャンペーンにセルビアを利用するな」と反撃。国家のトップ同士が、おおっぴらにののしりあっていた。

しかし、目の前の現場では、世界の常識を覆す予想もしない光景が広がっていた。列車に乗り込んできたクロアチアの警察官が、駅にいるセルビアの警察官と声を掛け合い、協力しながら、難民たちを誘導しているではないか。

「以前なら考えられない光景だ。いいことだと素直に思うよ」

作業の手を休めないカラジャさんも感慨深げだ。裏返せば、仲の悪い両国が手を携えて、てきぱきと送り出さねばならないほど、アリさんら難民や移民の「大移動」は大きな衝撃だったということでもある。

アリさんは、すでに通過してしまったのだろうか。駅で列車に乗り込む順番を待っていたアフガン難民のモハメドラ・アジージさん(二七)は、プレセボのキャンプを前日午後七時半発のバスで出発したという。アリさんのことを尋ねた。

「セルビアの滞在許可を取るのに十数時間かかったし、駅の近くのサービスエリアでも七～八時間は待った。あなたが探している一家に会うチャンスは十分あるのでは」

アジージさんはこう語り、急ぎ足で列車へと消えていった。

その言葉を支えに夜まで駅で粘ったが、とうとうアリさんを見つけることはできなかった。

パリで同時多発テロが発生したという。難民らが殺到する経由国は、すでに国境管理を強化する動きを見せている。パリでのテロは、その動きに拍車をかけるのではないか。それは、アリさん一家の「未来」にも影を落とすだろう。ドイツを目指して必死に前進するアリさんは事件を知っているだろうか。

一一月一四日――シド（セルビア西部）

この日未明、クロアチアとの国境に近いセルビア西部シド駅前のホテルにいた私は、甲高い汽笛の音で目を覚ました。

「しまった」

ベッドからあわてて飛び起きる。一人たりとも見逃さない徹夜の構えのはずが、いつの間にか寝入ってしまったようだ。特別列車の運行は二四時間態勢。もしかすると今、出発してしまった列車に、アリさん一家は乗っていたのではないか。

寝ぼけ眼でふらつきながら、ホテルから飛び出すと、濃い霧が立ちこめていて、一〇メートル先も見えない。と同時に、眠気が一気に吹き飛ぶような底冷えが襲ってきた。

駅の側に設けられた吹きさらしの待機用テントの中では、直前の特別列車に乗りきれなかっ

クロアチアへ越境する列車を待つ子ども(セルビア西部シドで，11月14日)

たらしい数十人が、毛布を何枚も重ね着して、歯をカタカタ鳴らし、ぶるぶる震えていた。

夜が明けても、身が縮こまるような寒さはおさまらない。夜明けを合図とするように、続々とシド駅にバスでやってきた人々も、どこで仕入れたか、厚手のジャンパーに、マフラー、手袋などの厚着姿だ。こちらもスキーウエア、マフラー、手袋の完全防備で、白い息を吐きながら、アリさんを探し、人々の顔という顔を覗き込む。

南部プレセボで見かけたアリさんは、どこかでもらったらしい上着を着ていた。シド駅での再会を期待しているのだが、続々と到着するバスからはき出される人々の中に、アリさんの姿はない。

「電車やバスで寝る生活が続いているので、本当に疲れている。この寒さは本当にこたえる」

正午前にバスで到着したアフガン難民のアブドラ・ファティさん(二六)は、毛糸の帽子を目深にかぶった顔をしかめ、妻(二三)と共に列車に乗り込んでいった。

六日前まで滞在したギリシャのレスボス島では、多くの難民らが長袖シャツ一枚で過ごしていた。エーゲ海に飛び込む猛者もいた。バルカン半島を北上する難民らは、まさに自分から冬をつかまえにきたようなものだ。

天候だけではない。パリで起きた同時多発テロも、彼らの前途に重くのしかかる。ホテルで流れるテレビも、テロのニュース一色だ。人々の日常が一瞬にして修羅場と化し、死者一三〇人に達していた。

欧州各国では最近、押し寄せるイスラム教徒への警戒感を反映し、右派政党の躍進が目立つ。ただでさえ「反イスラム感情」が高まっているのに、テロ事件でさらに状況が悪化する可能性は極めて高い。

にもかかわらず、シド駅で会った人々は、どこか危機感が薄かった。

アフガンから息子ユースフ君(六)を連れてドイツを目指すマラン・テムリさん(四五)は、テロ事件のことを知ったばかりだった。

「(旧支配勢力の)タリバンから逃れ、安全な場所で暮らしたいだけですよ。アフガンの治安はどんどん悪くなっている。だから無一文になっても、ここまでやってきたんだ」

テムリさんは、ユースフ君以外の家族はアフガンに残してきたという。息子と二人でドイツにたどりつき、生活の根っこを下ろしてから、呼び寄せるつもりなのだ。しかし、ドイツもすでに首相報道官が「家族呼び寄せは、当面あり得ない」と言うようになっている。ハードルは高いと言わざるを得ない。

「私たちはテロリストなんかじゃない。被害者だ。ほんの一部のテロリストのために、ここにいる全員が悪者にされるのは良くない」

静かな声で、諭すように話すテムリさんにかける言葉を見つけられなかった。

二〇一五年一一月一三日夜、パリ中心部のコンサートホールやカフェ、郊外の競技場などが武装した三つのグループに襲われ、一三〇人が死亡し、三五〇人以上が負傷した同時多発テロ。実行犯はイスラム過激派の思想に共鳴したフランスやベルギー国籍の若者で、ISがインターネット上にフランスのシリア空爆を非難する犯行声明を出した。この同時多発テロの一報を聞いた時、真っ先に脳裏に浮かんだのは、一月にもフランスで起きた週刊紙『シャルリーエブド』襲撃をはじめとする一連のテロ事件だった。あの時、私は会社からフランスへ応援出張を命じられ、ユダヤ教徒向けスーパーに立てこもって射殺されたアフリカ系移民のアメディ・クリバリ容疑者(当時三二)が、少年時代に住んでいたパリ南郊グリニ市を訪れた。

「ピザ配達さえ、来てくれない」

こんな風に治安の悪さを揶揄《やゆ》され、社会サービスも届かない、移民が住民の大半を占める最貧困地域。白人のフランス人助手と共におそるおそる足を踏み入れると、すぐさまイスラム教徒の若者四人に取り囲まれて脅された。

「この間も記者を袋だたきにしたばかりだ。お前らをどこかに連れ去って、殺したっていい」

若者たちの強烈な憎悪のまなざしは、今も忘れられない。とりつく島もなく、もちろん恐怖のあまり声も出せず、ごくりとつばも飲み込むことすらできなかった。ちょうどモスク(イスラム礼拝所)の建設募金をしていたオマールさんという五〇過ぎらしい男性の取りなしで、何とかその場では解放されたが、若者たちは、私と、フランス人助手が地区の外に向かうバスに乗り込む姿をはっきり確認するまで、執拗に数十分間、こちらを見張り続けた。

命の恩人とも言えるオマールさんが、声を潜めて、ため息まじりに語った言葉は、はっきりと覚えている。

「あんた方、悪く思わないでやってくれ。ここは行政から見捨てられている地域だ。治安が悪いからって、急患が出ても医者は来てくれないし、郵便配達もやってこない。火事が起きた時だけ、消防が周辺の地域に燃え広がるのを防ぐためにやってくる。ここで育った移民の若者がどんなに頑張って、奨学金を受けて、大学を卒業し、就職先を探しても、出身地を書いた履歴書は見向きもされずに、ゴミ箱に行く。世の中っていうのは、どこまでも不公平にできているよ。それがわかったら、さあ早く立ち去りなさい」

あの時、九死に一生を得たとも言える体験は、偏見や貧困がここまで人間を憎悪の塊に変えることができるのかという驚きを私の心に刻み込んだのだった。

今、目の前に列をなす人々が「欧州社会の一員に入れてもらえなかった」と強い疎外感を持てば、それだけで新たなテロリストを生み出す土壌ができてしまうのではないか。対応を一歩間違えると、欧州は足下からさらなるテロの脅威にさらされるが、決して経済が好調とは言えないだけに、こんなにたくさんの人々を受け入れ、養う余裕があるとはとても思えない。

だから、パリで起きた「第二の同時多発テロ」が与える負の連鎖が気がかりでならない。

この日も、人々をクロアチアへ送り出す列車が何本も入ってきていた。

「昨日と列車の本数は、何一つ変わっていない。だって、どんどん人がくるのだから」

ペットボトルに入った水を配っていた地元のボランティア男性は、テロの影響を尋ねた私の質問にほとんど関心を示さなかった。

マケドニア、セルビア、そしてクロアチア。私が目撃したのは、鉄道やバスを仕立てて、人々を何としても自国にとどまらせまいとする、必死の、そして徹底的な「管理輸送」だった。皮肉にもそれは難民らの旅の日数を大きく短縮し、神経をとがらせる西欧諸国への人々の流入を加速させている。

アリさん一家は、もうシドを通過してしまったかもしれない。

一か月近く前の一〇月一七日にクロアチア北部へ出張した時に見た「特別列車」は、クロアチア当局の厳重な監視下に置かれていた。写真撮影でさえ一〇〇メートル以上離れた地点からしか許可されなかった。クロアチアで、アリさんと長時間接触するのはまず難しいだろう。

「あなたが思っている以上に、ここから人々の足はぐっと速くなる」

マケドニアの警察官、ディモスキさんのアドバイスも、脳内にこだまする。むしろ、ここはあきらめてスロベニアやオーストリアにまで先回りして待つべきではないか。

あれこれ考えた末、シドでの待ち伏せをあきらめた私は、午後になってクロアチアの首都ザグレブ行の国際特急列車に乗り込んだ。そして、ザグレブ駅に到着するや、チケット売り場へと走り、とりあえずスロベニア北部の主要都市マリボルに向かう翌朝の国際特急列車の切符を買ったのだった。

一一月一五日――シェンティル(スロベニア北部)

「音楽の都」と言われるオーストリアの首都ウィーンへと向かう国際特急列車は午前七時半、クロアチアの首都ザグレブ駅のホームから静かに動き出した。

アリさんをクロアチアで見つけることをあきらめた私は、一家の行く手に先回りすべく、スロベニアやオーストリア方面を目指すことにした。

順調に走り続ける列車に三〇分ほど揺られ、スロベニア国境に近づくと、突然、のろのろ運転になった。窓の外に目をやり、「えっ」と思わず驚きの声を上げた。クロアチアに入る前にセルビア西部シドで見たのと同じ車体の「特別列車」が線路に止まっていたのだ。八両編成まで同じだ。たくさんの人が窓から顔を出し、物珍しそうに外の様子をうかがっていた。

私の乗った列車は、そのまま「特別列車」を追い抜いて国境を越え、スロベニア東部ドボバの駅に停車した。列車に乗り込んできた係官から、簡単な審査を受けた。車窓からは、駅前広場に設置された大きなテントが見えた。難民らはここで列車から降ろされ、いったん休憩するようだ。

これまでの移動距離を現すように、景色はずいぶん変わった。アリさんと初めて会ったエーゲ海に浮かぶレスボス島は、からりとした地中海性気候でオリーブ畑が広がっていたが、スロベニアは、しっとりした山あいの風景に変わっている。

アリさんが向かうだろうと考えられるのは、スロベニア北部シェンティル。オーストリアとの国境にある小さな街で、オーストリアへの入国を待つ人々が、ひとまず集まる大きな難民キャンプがある。

ここはマリボルは素通りして、一刻も早くシェンティルの難民キャンプに行った方がいい。私が乗る特急列車は、シェンティルには停車しない。午前一〇時半ごろ、国境をするりと通り越して、オーストリア南部シュピールフェルト駅に到着した。スロベニアとオーストリアは国境管理を廃止したシェンゲン協定加盟国なので、ここでは国境審査はない。ザグレブからわずか三時間でスロベニア一国をまたいだ。

シュピールフェルトの難民キャンプも、九月下旬に訪れたことがある。その時、駅から歩いたキャンプへの道をそのまま進んで、国境を歩いて越えると、数十分でシェンティルに着くはずだ。

この見立てが実に甘かった。国境への道をしばらく歩いて行くと、オーストリアの警察官に行く手をさえぎられた。

「今日は通れない。市民デモがあるので、特別警戒態勢をとっている。スロベニア側のキャンプに行くのならば、スロベニア側から行ってもらうしかない」

「移動の自由」を掲げるEUなのに、ここ何日かの取材行は、いつも肝心な所で、国境が立ちはだかるのだ。

仕方なくシュピールフェルト駅に引き返すと、人だかりができていた。オーストリアもこの地に、難民や移民の不正流入を防ぐことを目的とした「越境防止フェンス」の建設を計画している。偶然にも、フェンス建設に抗議し、難民・移民の受け入れに賛成する人々のデモにぶつかったらしい。

程なく、「移民の皆さん、ようこそ」と叫ぶ数百人が駅からデモ行進を始めた。

「今こそ、社会の連帯を示すべき時です。たとえパリでテロ事件が起きても、欧州は開放的でなければならない。困っている人々は助けるべきであって、フェンスを建設して追い返すな

カメラを向けると顔をそむける「移民賛成デモ」の参加者
(オーストリア南部のシュピールフェルトで，11月15日)

んて問題外よ」

マスク姿のサブリナさん(三〇)は語気を強めた。

ところが、である。デモを撮影しようとすると、顔を隠す人が目立った。写真を撮ろうとする地元のカメラマンとの間では、いさかいも起きている。これまで欧州でのデモで参加者がマスクをしたり、顔を隠そうとしたりするのを見た記憶などないので、不思議な光景に見えた。フルネームを明らかにすることで、「移民排斥」を叫ぶ右派から攻撃されることを気にしているのだろうか。私も、サブリナさんからフルネームを教えてもらえなかった。

オーストリアの首都ウィーンでは一〇月に実施された市議選で、「移民排斥」を掲げる極右政党の自由党が躍進したばかりだ。選挙が間近に迫った一〇月八日夜、モーツァルトが結婚式を挙げたウィーンのシンボル、高さ一三七メートルの塔がそびえ立つシュテファン寺院前で開かれた自由党の集会は、確かにどこか勢いづいていた。

ポピュリスト(大衆迎合主義者)として知られる自由党のハインツクリスティアン・シュトラッヘ党首(四六)は、景気づけに支持者から手渡されたグラスの白ワインを一杯ごくりと飲み干して、勢い良く壇上へと上がるや、こう切り出した。

「今、我が国はイスラム化の危機にある。移民を追い返すためのフェンスを国境に作るべきだ。経済的な豊かさを求めてやってくる移民より、まずは貧しいオーストリア人に手を差し伸べるべきだ」

正直なところ、「極右」というと「支持の広がりが限られている熱狂的な愛国者グループ」という先入観があったのだが、集会にはごくありふれた市民もかなり参加し、シュトラッヘ党首に喝采を送っていた。

「とにかく政府は、国境をきちんと管理できていない。移民問題が追い風になって、自由党はいつの日か、政権をとることができるかもしれない」

妻と参加したヴォルフガング・ツィスラーさん(五四)は、私にこう熱く語った。

勢いを増す極右政党・自由党、そして、この日の、参加者が顔出しを拒む、どこかおどおどした「難民・移民擁護デモ」。多民族をまとめ上げたハプスブルク帝国の流れをくむこの国の右傾化は、欧州の今後をどこか暗示している気がしてならない。

徒歩での国境越えはできなかったので、スロベニア側キャンプを訪ねるには、鉄路で戻るほかない。

一時間以上もシュピールフェルトの駅でたたずみ、ようやくやってきた列車の女性車掌に、難民らの特別列車について聞いてみた。彼女によると、クロアチア国内を特別列車で通過した人々は、スロベニア入りすると列車を乗り換えて、数時間でシェンティルへ来る。八両編成で約一〇〇〇人乗っているそうだ。クロアチアで目撃した特別列車と、車両の数や輸送人数が同じだ。スムーズに運ぶため、事前に調整しているのだろうか。

いずれにせよ、列車リレーのたすきは、セルビアからクロアチアを経て、スロベニアにもつながれていた。

ようやくたどりついたシェンティルのキャンプは、小高い丘の上にあり、巨大なテントがいくつも並んでいるのが見えた。

「今日はもうキャンプに入ることはできません。でも、明日一〇時に来れば、内部に入って、ドイツを目指す人たちと話ができる」

警備担当の女性警察官は、こう告げた。

私は明日もキャンプを訪れることにした。アリさんを見つけられる可能性はゼロではないし、人々の動きを詳細に解明できるかもしれない。

一一月一六日――シュピールフェルト(オーストリア南部)

「多い時は一日八〇〇〇人が押し寄せた。人々を送り出すペースは、隣国オーストリアの事情に合わせながら管理している」

アリさん一家に会えないかという、かすかな希望を抱きながら、スロベニア北部シェンティルの難民キャンプを訪れた私に、副管理責任者のビスナ・ボルコさん(五〇)は、隣国との息の合った連携プレーをあっさり認めた。

キャンプに足を踏み入れると、小さな体育館ぐらいの広さはあろうかというテントがいくつも建ち並ぶ。食堂や簡易ベッドが並ぶ寝室、無料でもらえる衣服や靴の置き場などだ。サイズごとに分別された子ども用の靴が、段ボールに大量に投げ込まれていた。ギリシャのレスボス

オーストリアに越境する順番を待つエマッド・アルシバイさん
(スロベニア北部シェンティルの難民キャンプで，11月16日)

島で長靴を気に入っていたアリさんの一人娘、フェレシュテちゃんも、今は新しい靴をはいているだろうか。

人々がここに滞在する時間は長くない。長い人でも一泊する程度で、約二〇〇メートル先のオーストリア南部シュピールフェルトのキャンプへ徒歩で移動することになる。ちょうど数百人が柵の前で越境を待っているところだった。

必死に探したが、どうしてもアリさん一家を見つけることができない。

最前列に陣取ったシリア出身のエマッド・アルシバイさん(三二)に、スマートフォンのメモを見せられ、我が目を疑った。一三日にマケドニアに入り、一四日にはセルビアへ。さらに一五日はクロアチアを経て一気にスロベニア入りしていた。

そして、一六日午前、オーストリアを目前にしたこの地に立っている。

こちらの予想をはるかに上回る速度で、人々は前進していたのだ。

「その代わり、シャワーも浴びず、ひたすら電車やバスに乗り続ける強行軍だ。正直、体はへとへとだよ」

単純に当てはめれば、一二日にセルビアに入国したアリさん一家は、すでにここを通過した可能性が高い。

力の限りを尽くして前進したエマッドさんは、パリの同時多発テロを前日まで知らなかったという。シリア出身者の関与も疑われていると伝える。

「シリア難民にすごく悪いイメージを植え付けてしまう。でも、私たちもISから逃れてきたんだ」

自分の未来を左右しかねないテロ事件のことが、やはり気になるのだろう。エマッドさんは訴えるような口ぶりになった。写真を撮らせてほしいと頼むと、少し考え込み、腹をくったように応じてくれた。

人々は、鉄道だけではなく、バスでもキャンプに運ばれてきていた。

「ギリシャ本土に到着してから五日目だ」

バスの窓を開けたアフガン出身のサミル・ラフマーニさん（一八）は、笑顔でガッツポーズを作った。

オーストリア側のキャンプは、歩いて三分もかからない場所にある。そちらも確認しなければならない。

「徒歩で国境を越えることはできない。お気の毒だが、オーストリアには列車で入ってもらうしかない」

皮肉なことにパスポートを持った私は、オーストリア側キャンプを目前に、今度はスロベニアの警察官に制止されたのである。

タクシーも見当たらず途方に暮れていると、偶然取材に来ていたドイツ人記者が車に乗せてくれるという。高速道路に迂回し、国境を越えて、約二〇分かけてオーストリア側キャンプにたどりついた。

高速道路を走る車の窓越しに、隣り合うオーストリア、スロベニア両国のキャンプを見ながら、ため息をついた。こちらは本来ならば素通りできるはずの国境越えに大いに手間取り、ホテルにも泊まる。その間、人々は素早く国境を通過し、自らの未来を切り開くべく必死に前進していた。

「バケツリレー」のように人々を運ぶ経由国の管理輸送が、移動速度を速めた。難民や移民の旅と言えば、あてもなくさすらうというイメージが先行するが、どっこい、日本の旅行会社が緻密に企画したパックツアーの方に近いのではないか。人波はやがて減る、という楽観論の根拠になっている厳しい冬が近づいても一向に減らないからくりは、ここにあったのだ。

オーストリア側のシュピールフェルトのキャンプには、九月下旬に足を運んだが、小学校の運動場が何個も入りそうな広大な駐車場に、テントがいくつも設けられ、人々がそこで休んでいた。出入りは完全に自由で、当初思い描いていたよりも、人影はまばらだった。

ハンガリーがセルビア国境を封鎖したことに伴い、人々はクロアチアへ迂回したのだが、クロアチアが再びハンガリーに人々を送り返すというまさかの対応をとったため、スロベニアは主要ルートから外れ、ほんの一部しか流入しなかったのだ。

当時のテントは跡形もなくなり、車がほとんど停車していない、だだっ広い駐車場に戻っていた。キャンプ自体は、さらに二〇〇メートルほどスロベニアとの国境近くへ移動していた。ハンガリーがクロアチア国境まで閉じてしまい、人々が大挙して、スロベニアから押し寄せたので、手厚い態勢が必要になったに違いない。

オーストリア側のキャンプ内も立ち入りは制限されたが、新築されたプレハブの建物には、オペレーションルームも設置されていた。オーストリア政府発行の記者証を持っているため、まだ動きやすいが、フェンス越しに人々と話していると、オーストリア軍兵士が飛んできて、やんわり注意される。自由気ままに人々にインタビューできた二か月前とは大違いだ。

外から様子をうかがったが、アリさん一家の姿は見えない。

「人々はここからバスで国内各地の一時収容施設に、ばらばらに運ばれます。探している一家を見つけ出すのは、さすがに難しいのではないですか」

これまでのいきさつを話すと、地元警察のフリッツ・グルントニックさん(四八)は、申し訳なさそうに首を振った。

マケドニア南部ゲブゲリアから始まった、旧ユーゴスラビア縦走の旅路は、アリさん一家を完全に見失うという最悪の結果に終わった。バックパックを背負い、キャリーバッグを引きずって、キャンプからシュピールフェルト駅へと戻る二キロほどの道のりは、気持ちも足取りも重いものとなった。

シュピールフェルトから列車で一時間の距離にあるオーストリア南部グラーツ周辺には、一時収容施設がいくつかある。しおれかけた私は午後、消え入りそうな希望を胸に抱いて、グラーツへと向かう列車の座席に倒れ込むように、腰を下ろしたのだった。

◈アフガン——遠い平和と安定

爆発の大きさを証明するかのように、現場の映像は散乱する犠牲者の靴の数々を映し出していた。二〇一六年七月二三日、アフガニスタンの首都カブールで、爆弾テロ事件が起き、少なくとも八〇人が死亡した。まもなく過激派組織「イスラム国」(IS)が犯行声明を出した。狙われたのは、イスラム教シーア派を信仰する少数民族ハザラ人の抗議デモ。欧州に向かったアリ・バグリさん一家と同じ、日本人によく似たあのハザラ人だ。

二〇〇一年九月のアメリカ同時多発テロを受けて、アメリカが報復として始めたのが今のアフガン戦争だ。当時のブッシュ政権は、アフガンを拠点としていた国際テロ組織アルカイダの最高指導者、ビン＝ラディンを首謀者と断定したが、当時のタリバン政権が身柄の引き渡しを拒んだために開戦し、タリバン政権は崩壊した。

アリさんの故郷バーミヤンは、同時多発テロに先立つこと半年前、国際的な注目を集めた。ハザラ人を目の敵にするタリバンが、六世紀から九世紀にかけ建立されたとされ、「アフガンのシンボル」として有名だったバーミヤン石窟群の二つの大仏立像を、ダイナマイトで爆破してしまったのだ。

開戦から一五年。政権を追われたタリバンは、今も一定の勢力を保ち、ISも台頭している。オバマ米大統領は一六年七月、アフガン駐留米軍の撤兵計画の見直しを余儀なくされた。政府内は汚職が蔓延し、一五年の推定識字率は男性五二%、女性二四%。この国の平和と安定の道筋は遠い。

第三章　オーストリア・ドイツ

一一月一七日――グラーツ・リンツ（オーストリア）

ドイツを目指すアフガニスタン出身のアリ・バグリさん（三〇）一家を見失った私は一六日にスロベニア北部とオーストリア南部の難民キャンプを相次いで訪れたが、見つけることはできなかった。人々は、こちらの予想を大きく上回るスピードで前進していた。いざという時に居場所を知る切り札になるはずだった携帯電話もつながらない。八方ふさがりの私は、アリさんを見つけ出す希望を失いかけながらも、オーストリア南部グラーツの一時収容施設に向かうことにしたのだった。

グラーツは人口約二七万人。首都ウィーンに次ぐ、オーストリア第二の都市である。

この日午前、一夜を明かしたグラーツ中心部のホテルを出て、車で約一五分郊外へ走ると、巨大なスポーツ公園が見えてきた。ドーム型の建物と体育館があり、南部シュピールフェルトの難民キャンプからバスで運ばれた人が滞在する一時収容施設の一つという。アリさん一家も、こうした施設にいったん入った可能性がある。

東京ドームや阪神甲子園球場がすっぽり入りそうなぐらい大きな公園の周囲は、フェンスでくまなく囲まれていた。フェンス自体も、青いビニールシートで目隠しされていて、中の様子はまったく見えない。

耳を澄ましてみると、「遮られた空間」から、走り回っているらしい子どもたちの笑い声が響いてきた。ポンポンと、ゴムボールをついているような音も聞こえる。

「許可がない限り、中に入れることはできない」

案の定というか、警備担当者はにべもなかった。それならば、外に出てくる人に話を聞くしかない。

ルスタムヘル・アブドゥルハクさん
（グラーツ郊外で，11 月 17 日）

アフガンから逃れてきたというルスタムヘル・アブドゥルハクさん（一七）はドイツ行きをあきらめ、オーストリアで難民申請していた。手には、キャンプ内で自分が使う簡易ベッドの番号が書かれた青いタグが巻かれていた。どうもキャンプには、ドイツへ向かうために一夜でいなくなる人と、オーストリアで難民申請する人が混在しているらしい。まだあどけなさが残る顔は、かなり心細そうである。

「元々はドイツに行く予定だったのですが、アフガン難民の認定が厳しくなっているようなので、オーストリアで申請しました。一番怖いのは、強制送還されてしまうことですから。でも、もう三週間以上も待ちぼうけです。自分の判断が正しかったのかと不安でたまりません」

シリアからたどりついたアブドルクハレック・ハドリーさん(四五)も、同じくドイツ行きを断念していた。先の見えない日々への心配に加え、一時収容施設での生活への不満がたまりにたまっているようだ。

「何もすることがなく、もう一か月以上いる。毎日時間をつぶすのが大変です。トイレも、シャワーも共同で、体育館のような場所に、簡易ベッドを並べて寝ている。プライバシーがない生活は、本当にストレスがたまる。せめて、キャンプの外にある住宅に移りたい。あなた、ジャーナリストなら、当局に掛け合って、何とかしてくださいよ」

必死の形相でまくしたててきた。自らは先発組で、シリアに残してきた妻(四三)や息子二人を呼び寄せたいが、めどが立たないのだという。

身の危険を冒して、西欧諸国にたどりついても、新天地の生活が保証されているわけではないアリさんは、ドイツで同じ経験を味わうのではないか。

念のため、別の一時収容施設を訪れた。ここはショッピングセンターを改装して使っている。

駄目もとで真正面のドアから入ると、なぜか誰にも制止されることなく、人々が仮の宿としている場所まで行くことができた。

小学校の体育館ほどの大きさで、三〇〇台以上の簡易ベッドが、二〇センチほどの間を空けて、ずらりと並んでいた。ここで皆、雑魚寝して、夜を明かすのである。

施設には、一〇〇人足らずしかおらず、どの顔も暇をもてあましている。外でたむろしている人が多かった理由も納得だ。プライバシーがゼロに等しい。この空間につかの間、立っているだけで、どんよりした気持ちになってくる。

どこにもアリさんは、いなかった。

オーストリア・ドイツ国境には越境ポイントがいくつかある。とりあえずドイツ国境に近い北部の拠点都市リンツに向かうことにした。人口二〇万人。ウィーン、グラーツに次ぐ、オーストリア第三の都市で、毎年秋になると、世界中から有名音楽家がつどう「国際ブルックナー音楽祭」を開催することで知られる街だ。

グラーツ中央駅で、パキスタン北部の山岳地帯出身というサマダ・フリーディさん(二七)は大きなリュックを背負っていた。今からどこかに向かうらしく、スマートフォンを手に、仲間二人と顔をつきあわせて、ああでもないこうでもないとやっているので、話しかけてみた。

「一時収容施設を抜け出して来ました。今から列車に乗って、イタリアに向かいます。ドイツはもう駄目です。難民の受け入れに対する温度が明らかに冷めてきましたよ」

サマダさんはきっぱり言い切った。

二か月前までは、人々に行き先を尋ねると、判で押したように「ドイツへ行く」との答えが返ってきた。だが、人道的見地から難民受け入れに寛容だったドイツは、手のひらを返すかのように、アフガン人などの審査を厳しくする方向にかじを切り始めている。オセロゲームで、白が一気に黒に変わるように、人々の答えが「ドイツは厳しい」になっているのは、やはり、ソーシャルメディアの口コミの力なのか。

押し寄せる人々がドイツの方針に変化を生み、今度は人々が厳しい決断を迫られる。追い打ちをかけるように、パリ同時多発テロが、難民らへの風当たりをますます強くしている。

グラーツからリンツまでは、右を向いたおたまじゃくしのような形をしたオーストリアを南北に縦断する約三時間の特急列車の旅。リンツ駅前のホテルに入った時には、もう日が暮れていた。アリさん一家を発見するチャンスがほんの少しでも残されているポイントは、オーストリア・ドイツ国境ぐらいしか思いつかない。正直なところ、アリさんを見つけるのは、もはや不可能に近い。

ついに矢は尽き、刀も折れた。そう思うと、旅の疲れが一気にやってきて、ホテルの部屋のソファへ倒れ込んだ。

どれぐらい経ったのだろう。まどろんでいると、突然、電話が鳴り始めた。携帯電話の画面を見ると、「四九」というドイツの国番号で始まる見知らぬ番号が表示されている。寝ぼけ眼で、這うように体を動かし、いぶかしい思いで手にする。

「いやあ、こんにちは、ミスター・サカグチ。お元気ですか。アリです。もうドイツに着いています。携帯電話のSIMカードを手に入れることができなくて、連絡がすっかり遅くなってしまいました。これは本当に失礼しました。タヘリーも、フェレシュテも元気にしています」

五日ぶりに聞くアリさんの素朴な声だった。

ソファから跳ね起きて、あわててペンを手にとり、ノートをむしるようにたぐって、今いる場所を尋ねた。どうも、ドイツ南部シュツットガルトにいるらしい。経由国がまるで「流れ作業」のように人々を隣国へ運ぶスピードは予想以上だった。アリさんも流れにしっかり乗って、オーストリアにいる私のはるか先にいた。

明日の行き先が決まった。

一一月一八日――シュツットガルト(ドイツ南部)

アリさん一家は、こちらの予想を大きく上回るスピードですでにドイツに入り、南部の工業都市シュツットガルトにいるようだ。再会を期し、私はオーストリア北部リンツから現地へ向かうことにした。

午前八時二〇分、リンツ駅から乗り込んだ、フランクフルト行の国際特急列車が動き始めた。第二次世界大戦に勝利した連合国側が、ナチス・ドイツの戦犯を裁いた「ニュルンベルク裁判」の舞台となったドイツ南部ニュルンベルクで別の特急に乗り換え、シュツットガルトを目指す約五時間半の旅路だ。

オーストリア・ドイツ国境を約一時間で越えて、最初に停車したドイツ南部パッサウ駅に着くやいなや、車内に入ってきたドイツの警察官にパスポートの提示を求められた。欧州連合(EU)への最新入国日、旅の目的をはじめとする矢継ぎ早の質問は、やはりパリ同時多発テロのせいなのだろうか。ともあれ、ギリシャからバルカン半島を走破し、ついにドイツに入った。

にもかかわらず、列車が駅からぴくりとも動かないのである。腑に落ちずに、列車の外に出

警察官に尋問されていたシリア難民と見られる家族連れ
（ドイツ南部パッサウ駅で，11月18日）

てみると、シリア難民らしき家族連れが、ドイツの警察官に尋問されていた。

「あなたたちは列車ではなくて、すぐにキャンプに戻りなさい」

警察官はこう英語で促している。大きな荷物を担いで警察官に食ってかかっていた家族連れが、列車に戻ることはなかった。

列車は二〇分近くも停車し、ようやく動き出した。一連の経緯を見つめる乗客は、紳士淑女のたしなみで、あからさまに口には出さないが、視線は冷ややかだった。首筋が寒くなるような、とげとげしい雰囲気が、欧州各国で燎原の火のように広がる極右政党の躍進につながっているような気がしてならない。

こちらもパッサウ駅でのごたごたのあおりを

受けて、ニュルンベルクでは乗り換えの特急列車に間一髪、飛び乗ることとなった。

午後到着したシュツットガルトは、高級車「メルセデス・ベンツ」で有名なダイムラー社の本社も置かれているドイツ屈指の工業都市。歩行者天国となっている大通りは、おしゃれな有名ブランド店が軒を連ね、なかなか洗練されている。アリさんの目には異次元の世界に映るのではなかろうか。

市内のホテルに入り、何度かアリさんに電話したがつながらない。「到着したので、明日会いたい」と伝言を吹き込んだが音沙汰がない。

人口約六〇万人のシュツットガルトには今、難民や移民約五七〇〇人が、およそ九〇施設に分かれて生活している。こちらも初めて訪れた場所で、土地勘がないだけに、アリさんがいるかもしれない一時収容施設をしらみつぶしに尋ね歩くのはさすがに難しい。とにかく、番地までわかる施設の住所が欲しい。

やきもきしていると、昨日とは違う番号で電話がかかってきた。アリさんからだった。

「プリペイド携帯電話の通話料をすべて使ってしまい、電話できませんでした。これは妻の番号です。住所は後ほど(電話番号でメッセージをやりとりする)ショートメールで連絡します」

手持ち資金の不足が、いつもこの人のアキレス腱なのだ。もっとも、目的地のドイツに到着したせいか、声は心なしか弾んでいた。

いよいよ明日こそは再会を果たせそうだ。

一一月一九日――シュツットガルト（ドイツ南部）

アリさんと、シュツットガルトで再会することになったものの、案の定というか、これまで通りというか、一筋縄には行かなかった。

午前中は、宿泊している市中心部のホテルの部屋で、アリさんが携帯電話のショートメールで送ってきた住所と、パソコンの地図検索画面の両方を見比べて、ひたすらうなり続けることになった。

というのも、アリさんがショートメールで送ってくれた一時収容施設の住所に、ぴたりと合う場所が、いくら探しても見つからないのだ。難民らの入る施設は市内に九〇か所もあり、正確な住所なしに見つけるのはまず不可能だ。

困ったことに、アリさんに電話して「目印」を尋ねても、「二〇〇〇人はいるシュツットガルト市内の大きな古い施設」と繰り返すばかりで、てんで埒《らち》があかない。

市内で最も大きな施設は、中心部から車で一五分ほどの国際展示場だ。収容人数は約二〇〇〇人。とにかく現場に行けば、何とかなるだろう。そう判断し、タクシーに飛び乗った。

予想に反して、展示場はスタイリッシュなデザインで、ピカピカに新しかった。どうもおかしい。土地勘のないアリさんと私は、その後も電話で、要領を得ない堂々めぐりの会話を何度か続けた。

やはりおかしすぎる。とうとうさじを投げて、最後には互いが近くにいたドイツ人に電話を代わってもらった。電話を代わってくれた展示場の受付を担当する女性が、こちらの目を見て、気の毒そうな顔を浮かべている。良くない知らせのようだ。

「残念ですけど、お知り合いがいるのは、この施設ではありません。ここから南へ七〇キロほど離れたメスシュテッテンにある施設ですよ」

その場にへなへなと座り込みそうになった。シュツットガルトではなかったのだ。

「本当に、本当にすみません。完全に勘違いしていました」

申し訳なさそうに、電話越しにわびてくるアリさんを責めることはできない。ほんの数日前、生まれて初めて足を踏み入れたドイツで、地域の主要都市シュツットガルトの名を必死で連呼し、慣れないドイツ語表記を伝えようとしてくれていたのだ。

新生活への思いを語るハッサン・アボシさん(シュツットガルトの一時収容施設前で，11 月 19 日)

実際、目の前にある施設にもたくさんのアフガン難民が暮らしていた。

「ドイツはシャワーの湯が温かくて勢いがある。とにかく温かいお湯はすごいです。食事も無料だ。やはりこの国に住みたい」

ドイツに着いて一週間だというハッサン・アボシさん(二六)は、体中からわき出るような喜びを隠そうとしなかった。施設からの外出も許されているようだ。電話越しに聞いたアリさんの声の高ぶりにどこか似ている。

だが、市街地に戻る車に乗った私の気分は何とも晴れなかった。仮にドイツ政府がアリさんの難民申請を認めたとしても、言葉も通じない異郷で新しい生活を切り開くのは並大抵のことではない。アリさんは、険しい道のりの入り口に立っただけではないか。そんな考えに襲われたからだ。

ともあれアリさんの居場所は分かった。気を取り直して、明日はメスシュテッテンに行くしかない。

一一月二〇日——メスシュテッテン(ドイツ南部)

アリさん一家がいるというドイツ南部メスシュテッテンは、鉄道の駅がない人口五五〇〇人の小さな町である。ここにある一時収容施設に、難民ら計三〇〇〇人が暮らしているという。

二〇日朝。シュツットガルトから快速列車で一時間半ほど南へ下り、メスシュテッテンへの最寄り駅となるアルプシュタット・エビンゲン駅に着いた。おしゃれなシュツットガルトとはまったく異なる、山間の村という趣だ。

施設は、駅からさらにタクシーで一五分ほど山の中に入った所にある。低くたれこめた厚い雲から冷たい雨が降り続いている。暗くて長い欧州の冬の到来を感じさせる天気だ。

フェンスで囲まれた広大な敷地に、もともとは軍の施設だったという、団地のように番号が壁に書かれた三階建ての建物がいくつも並ぶ。

一時収容施設前で再会したアリさん（ドイツ南部のメスシュテッテンで，11月20日）

私のような「部外者」は、やはり施設に入れなかった。アリさんに外に出て来てもらうしかない。携帯電話で連絡がとれたが、三〇分近くたっても姿を見せない。雨は勢いを増してきた。

木陰で雨宿りしながら、じりじりしていると、アリさんが傘も差さずに小走りでやってきた。

「本当に会えるとは思わなかった。シュツットガルトと間違えてしまってごめんなさい。妻も娘も元気です」

アリさんは笑顔で右手を差し出してきた。髪も短く切り、緊張から解放され、すっきりした表情だった。

「ドイツ入りしてから七日目で、このキャンプは四日目です。予想以上に早く着きました」。

アリさんによると、私とギリシャ・マケドニア国境で別れてからの一家の足取りはこうだ。マケドニア国内は特別列車で通過、次のセルビアはクロアチア国境までバスで移動。クロアチアは再び特別列車、スロベニアとオーストリアはいずれもバス。旅の途中で立ち寄ったキャンプで長居することはなく、移動時間を睡眠時間にあてながら、とにかく前進したという。

アリさんの記憶が正しければ、ドイツ入りは一一月一四日ということになる。私がアリさんを最後に目撃したのは、一二日のセルビア南部プレセボ。やはり、経由国が人々をほぼ素通りさせて隣国へと運ぶ流れに乗っていた。そして、私はアリさん一家のはるか後方で一家の影を追ってさまよっていたということになる。

ギリシャのレスボス島で行動を共にしていた人々はどうしたのかと、尋ねてみる。

「スウェーデンやオランダに向かった人もいる。オーストリアにとどまった人もいます。こういう決断は人それぞれですから」

はにかんだ顔から、さらりと答えが返ってきた。

雨脚はさらに強くなり、みぞれまじりとなった。アリさんには私の傘を使ってもらったが、路上での立ち話だったので二人ともずぶぬれになってしまった。今日は、これで切り上げるしかない。

バルカン半島を縦断したアリさん一家の旅はどんなものだったのだろう。パリ同時多発テロのことを、どうやって知り、どう感じたのだろう。聞きたいことは山のように残っている。

二一日も同じ場所で待ち合わせることにした。

「明日は、妻と娘も連れてきます」

朗らかに手を振るアリさんに見送られ、私はアルプシュタット・エビンゲンのホテルへ向かうタクシーに乗り込んだ。

一一月二一日——メスシュテッテン(ドイツ南部)

アリさん一家に会うため、二一日午前に再訪した施設周辺は、うっすら雪化粧していた。冬晴れの澄んだ空気が肌に冷たく、陽光が降り注いでいたギリシャのレスボス島とはまったくの別世界だ。

「これでも例年に比べかなり遅い初雪だ。ここは一年のうち半年近く雪に覆われる。雪と共にある地域だよ」

ホテルからの道すがら、タクシーの運転手はこう話した。日本で言うと、北海道や東北、甲信越の豪雪地帯のイメージに近そうだ。施設は、地元の人々が暮らす地域からは、隔絶された場所に位置している。外出は自由なのだが、自家用車を持たない難民たちが街に出るには数時間に一回のバスか、割高なタクシーを利用するしかない不便な場所だ。

アリさんは、妻のタヘリーさん（二八）と娘のフェレシュテちゃん（四）を伴い、約束の午前一一時に施設の外へ出てきた。

「家族全員が無事にドイツに着くことができたのが、何よりうれしい」

笑顔のタヘリーさんは、素直な感想を口にした。

私がアリさん一家を最後に見かけたのは一二日。セルビア南部プレセボの難民キャンプで掃除をしていた姿を遠目に見た時だった。その時、タヘリーさんの表情は疲れ切っていたが、すっかり元気を取り戻したようだ。分厚いセーターにスニーカー姿のフェレシュテちゃんは、雪景色に上機嫌である。

ギリシャのレスボス島からドイツまで、一番の難所はどこだったのだろう。

「やはり、プレセボで滞在証明をもらうために並んだ時です。あまりに長い列だったので、並んでいる私たちはすっかりくたびれてしまっていたし、地元の警察官もぴりぴりしていた。まったく土地勘もないだけに、体力的にも精神的にも一番つらかった」

ドイツ南部のメスシュテッテンにたどり着いたアリさん一家(11月21日)

アリさんはこう振り返った。確かに数千人の人々が、一キロ以上も列をなした光景は異様だった。遠目に見たアリさんはモップを手に、先に通った難民らが散らかしていったゴミを掃除していた。なぜ、そんなことをしていたのだろう。

「たまたまグループの最前列にいて、警察官に促されました。言われるまま、黙々と作業したのが警察官の心証を良くしたようです。小さな子ども連れは大変だろうと、順番待ちを前にしてくれた」

高圧的でとがってばかりと感じさせたセルビアの警察官の中にも、話の分かる人はいるのだ。

フェレシュテちゃんは、レスボス島でもらった象のぬいぐるみを肌身離さず持っていたという。

「ぬいぐるみは、今も施設のベッドに飾っています。娘の宝物なので、捨てることはできませんでした。持ってくれば良かったですね」

もっとも、フェレシュテちゃんのもう一つのお気に入りだった、ギリシャで履いていた長靴はもうない。スロベニア北部シェンティルのキャンプで仮眠を取り、目覚めた時には消えていたという。キャンプで新たにもらったのが、いま履いているスニーカーだ。こちらも、それなりに気に入っているようだ。

「ドイツやオーストリアは、お金のない私たちを列車やバスに無料で乗せてくれた」

アリさん夫妻は口をそろえて感謝していた。

途中見失いながらも、三週間にわたったアリさん一家への同行取材はとりあえずの区切りを迎えつつある。

一一月二二日——メスシュテッテン(ドイツ南部)

同行取材の最終日ということで、ドイツで難民申請したアリさん一家の道のりをここで振り返っておきたい。アリさんは二〇一〇年、旧支配勢力タリバンと政府軍との戦いが続くアフガンからイランへ逃れた。そこでタヘリーさんと結婚し、フェレシュテちゃんが生まれた。トルコへ密出国した一家は、ゴムボートでギリシャ・レスボス島へ密航。その後、ギリシャ本土へと渡り、バルカン半島を陸路で北上した。イランを出てから、ドイツ南部メスシュテッテンにたどり着くまでに、約一か月半かかった。

「安全なドイツに着いてほっとしています。一家で穏やかに暮らせるチャンスを与えてほしい」

安堵の表情を浮かべるアリさんは、欧州への旅に踏み切った理由をこう話している。

「イランから一家三人で、アフガンに戻ることを何度も考えた。でも、アフガンは危なくてとてもできなかった。だから欧州を目指したのです」

難民として認められるか、最大のポイントとなる「政治的迫害の有無」などを調べる審査は、どんなに早くても数か月はかかるという。冬は雪に閉ざされる山間の町メスシュテッテンの施設で、一家は結果を待つことになりそうだ。

朝、アリさん一家がいるメスシュテッテンは、さらに雪が降り積もり、一面の銀世界に変わっていた。日中なのに気温は氷点下二度。スキーウエアに手袋をしても震える寒さだ。

つい最近まで最高気温が二〇度を超えるギリシャのレスボス島で、アリさんらと長袖一枚で過ごしていたのが遠い昔のようだ。

約束通り、施設前からアリさんの携帯電話にかけた。電話に出たのは妻のタヘリーさんだった。

「すみません。フェレシュテが、熱を出してしまい、三人で施設の病院に行っています。すぐにお会いするのは難しいかもしれません。本当にごめんなさい」

ばたばたしている様子が、電話越しでも伝わってくる。

同行取材を終え、私はこの日、いったんシュツットガルトへと列車で戻り、ウィーン行の飛行機に乗ることにしていた。出発前にあいさつだけでもしておこうと訪れた私は、「また、いずれ会えますから」と電話を切った。

あっさり引き下がったのは、実はこちらも昨夜、風邪を引きかけていたからだ。少し寒気を感じたので、ホテルの部屋の暖房の前に座り、ずっと体を温めていた。見ず知らずの土地での慣れない生活に加え、ギリシャとドイツのこれだけ大きな寒暖の差を踏まえれば、小さな子どもが熱を出すのは無理もない。幸いなことにドイツにいる今、フェレシュテちゃんは、無料の医療サービスを受けることができる。

アリさん一家は施設内の大部屋で、だいたい一〇家族と共に簡易ベッドを並べて寝ている。朝、昼、晩の三食は無料。バス代を払えば、近くの街に出ることもできる。それなりの自由行動が認められている。

ドイツは「難民申請の権利」を憲法にあたる基本法で定め、難民への支援が他国より充実している。これが大量の人々の足をドイツへと向けてきた。アリさんのように難民申請した人には、審査中でも現金が支給される。地域ごとに違うが、一人当たり月一〇〇ユーロ(一万三〇〇〇円)程度という。難民と認定されれば、「ドイツ社会への統合」を名目に、充実した就職・就学支援を受けることができる。

とはいえ、肝心の審査は楽観できない。ドイツは二〇一五年一一月の時点で、難民申請者の殺到を受けて、審査の厳格化にかじを切っているからだ。申請者に対する現金支給も見直し中だ。

「タリバンの影響力が依然として強い(アフガン中部の故郷)バーミヤンには家族で戻れない。政府軍とタリバン、ISが三つどもえで争っている。ハザラ人はタリバンやISの標的だ。イランでも、アフガン人は望むような職を得られない。ドイツを目指すしかなかった」

こうアリさん夫婦は主張する。

しかし、ドイツ政府のアフガン出身者に対する難民認定率は四割超にすぎない。内戦が泥沼化しているのが明白なシリアに比べ、アフガンの治安はすでに安定しているというのが基本認識だからだ。アフガン出身者は、外国で働いて、お金を稼ぐためにやってきた「経済移民」と見なされがちになっている。アリさんの場合は、戦争状態にないイランで五年間を過ごしたこともネックとなりそうだ。難民認定がうまくいかないと、強制送還されかねない。

ISが犯行声明を出したパリ同時多発テロも一家の上に、暗い影を落とす。実行犯の一部はシリア難民を装い、アリさんと同じルートで欧州入りしたからだ。

たしかに、人々が通過した国々は、不審者の発見よりも、いかに早く隣国に人々を送りつけるかに関心を払い、人々は「通行許可証」をあっさり発行してもらって、その流れに乗っていた。テロリストが、難民や移民にまぎれこむのは、わけもないことだっただろう。

必死で欧州への旅を続けていたアリさん一家が、パリ同時多発テロを知ったのは、発生数日後だった。アリさんは、こう訴えている。

「タリバンやISから逃れた私たちが、同じ目で見られるのはたまりません。ほんの一部のテロリストではなく、国を追われて困っている、大多数の現実に目を向けてほしい」

難民申請が認められたとしても、先はまだまだ長い。アリさんは、ドイツ語を話すことができない。イランでは工事現場で働いていたが、その経験を生かせる職業を見つけられる保証もない。万事が合理主義のドイツで、牧歌的なアリさんが社会に溶け込み、暮らしていくのも楽ではないだろう。

それでもアリさんはドイツを選んだ。

「アフガンやイランでは決して見つけられなかった自由で平等な価値観が、ドイツにはあるからです」

もちろん、ドイツは有名な国なので知っているが、他の国については具体的な情報を持っていなかったという事情も背景にある。

冬の足音をはっきりと感じるようになっても、欧州へと押し寄せるイスラム教徒の人波は止まらない。アリさん一家の審査中に難民受け入れを巡る事情がどう変わるかは、予測すら難しい。一家の「これから」を教えてもらうため、再訪することは約束している。

車と電車を乗り継いで、シュツットガルト空港へと出発する時間になった。雪を踏みしめ、予約していたタクシーに向かって歩き出す。この日は結局、アリさんに会えなかっただけに、どこか別れがたい気がして、後ろを振り返った。

低く雲がたれこめた空から、ほんの少しだけ晴れ間がのぞき、光が差し込んでいる。その光景は、一家の「いま」を表しているようだった。

◈ 地球規模の課題

「現在進行中の移民および難民の大規模な移動を、世界的な対応をとる必要がある地球規模の課題として認識する」

二〇一六年五月二六・二七日、三重県で開かれた主要七か国(G7)首脳会議(伊勢志摩サミット)の「首脳宣言」は、難民・移民危機を踏み込んだ表現で表明した。前年のドイツ・エルマウサミットの首脳宣言はまだあっさりした書きぶりで、この一年間で問題が深刻化したことを強く印象づけた。私も当時、サミット取材で、ドイツへ出張したのだが、恥ずかしながら、関心は海洋進出を強める中国やウクライナ東部での親ロシア派武装勢力と政府軍の紛争に向いていた。

「総人口の一一三人に一人が強制移動」

二〇一六年六月二〇日、一五年の難民問題をショッキングな見出しとともに報告したのは、国連難民高等弁務官事務所(UNHCR)だ。

二〇一五年末時点で紛争や迫害で住む家を追われた人は過去最多の六五三〇万人。UNHCRは深刻な現状を身近にとらえてもらうため、これを世界総人口の七三億四九〇〇万人で割り出した。それが先ほどの見出しで、六五三〇万人は、イギリス、フランス、イタリア各国の総人口にほぼ匹敵する。内訳は、先進諸国に庇護を求めた三二〇万人、他国から難民と認められたものの、自分の国には戻れていない二一三〇万人、そして、国内の別の場所へと逃げた四〇八〇万人。UNHCRは「一〇年前の〇五年末は一分に平均六人だったが、一五年末は二四人が強制的に移動を強いられている」と、説明している。

なぜ、難民は増え続けているのか。ソマリアやアフガニスタンの人道問題が長期化しているのに加え、シリア内戦や、ウクライナ危機をはじめとする新しい危機が頻発しているからだ(表参照)。

難民を受け入れる国々の負担も大きい。最大の受け入れ国は、シリア難民が殺到したトルコの二五〇万人。総人口に対する難民の割合が最も高いのは、同じくシリア難民の避難先となった人口四〇〇万人のレバノンで、一〇〇〇人中一八三人に達している。

二〇一五年は、アリさんをはじめとする欧州に渡った難民や移民が一〇〇万人を超え、国際社会の注目を集めた。しかし、難民危機全体でとらえれば氷山の一角に過ぎない。

数字で見る世界の難民情勢(2015年現在，概算)

◆新しい避難民　1240万人
(内訳)国内避難民　860万人
難民　180万人
庇護申請者　200万人

◆第三国定住　10万7100人
アメリカが最も多い6万6500人を受け入れ

◆受け入れ国　トップ6

1.	トルコ	250万人
2.	パキスタン	160万人
3.	レバノン	110万人
4.	イラン	97万9400人
5.	エチオピア	73万6100人
6.	ヨルダン	66万4100人

◆難民出身国
全難民の54%が，シリア(490万人)，アフガン(270万人)，ソマリア(110万人)の三か国で占められている

(UNHCRの資料より作成)

第四章　排除のハンガリー

アリさん一家がたどったルート

「鉄のカーテン」を再現？

もし、レスボス島で数か月早くアリ・バグリさん（三〇）一家に出会っていたなら、一家も、同行した私も別の道をたどり、まったく違った展開になっていた。なぜなら、バルカンルートはほんの二か月足らずの間に、川が流れを変えるかのように大きく二回もその道筋を変え、アリさんや私は、最後の三番目にできたバルカンルートをたどったからだ。

敵役のように、実力行使であからさまに人々の流入を拒絶してルートを変え、欧州を目指す難民たちを翻弄したのが、欧州連合（EU）に加盟するハンガリーだった。二〇一五年九〜一〇月にかけ、隣接するセルビアやクロアチア国境に相次いで「越境防止フェンス」を築き、自分たちの国に入ろうとする人々を門前払いした。

南を接する隣国セルビアとの国境約一七五キロに、高さ四メートルのフェンスを設置するという一報に接したのは、アリさん一家との出会いにさかのぼること四か月半前の六月一七日だった。日本に当てはめると、東京から静岡県焼津、大阪から名古屋までの直線距離より長い国境をフェンスでふさぐという長大かつ、ずいぶん物騒な計画だった。

「東西両陣営を鉄条網で隔てていた「鉄のカーテン」に真っ先に穴を開けたハンガリーが、自分から国境をフェンスでふさぐなんて、歴史の皮肉だなあ」

ウィーンの自宅で、首をかしげたのを今も覚えている。なぜなら、ハンガリーこそ、アメリカを中心とする西側諸国と、ソ連を盟主とする東側諸国が、政治、経済、軍事のすべてで対立していた冷戦下の世界を変えるきっかけになった大事件の舞台となった国だったからだ。

くしくも私は、四半世紀前に起きた、その大事件をたどるため、二〇一四年一一月に、現場となったハンガリー西部ショプロンを訪れていた。

ヨーロッパ・ピクニック

大事件の名前は、「ヨーロッパ・ピクニック」。一九八九年八月一九日、東西冷戦下で、ソ連を盟主とする東側陣営にあったハンガリーのショプロン郊外で国境が開放され、西ドイツ（当時）への亡命を求めた東ドイツ市民約七〇〇人が、オーストリアに脱出した。鉄条網などで東西陣営を隔てていた「鉄のカーテン」に風穴を開けたこの事件は、同年一一月九日のベルリンの壁崩壊の引き金となった。九〇年一〇月には東西ドイツが統一され、九一年のソ連解体へとつながっていく。

ショプロンが、事件の舞台に選ばれた理由は何より、その地理的条件にある。オーストリア・ハンガリー国境がわかる一枚の地図を開くと、目をこらすまでもなく、ショプロンは、ハンガリー領から出っ張りのように、自由主義体制をとりつつも永世中立国のオーストリア領に食い込んでいる。まさに東西冷戦の最前線だった国境の町なのだ。

冷戦時代は東西両陣営のスパイが暗躍する街として有名だったオーストリアの首都ウィーンからは列車で約一時間。街の中心部にはハンガリー語だけでなく、オーストリアからの買い物客を意識したドイツ語の看板が至るところにあふれている。

ベルリンの壁崩壊から四半世紀を迎える二〇一四年一一月、ヨーロッパ・ピクニックに立ち合った当時のハンガリーとオーストリアの警備担当者にショプロンで会えることになった。先方が指定してきた待ち合わせ場所は、両国の国境約三五〇キロにわたり、かつて張り巡らせていた鉄条網の一部が残り、今は記念公園となっている事件現場だった。

「ここまでの歴史的な事件になるとは想像もしなかった。下を見てごらん。一九六七年までは、ただの一人もあやしい人間を通さないため、ここには地雷が埋められていたのだから」

鳥のさえずりが聞こえるのどかな公園で、アルパド・ベラさん(六八)が切り出すと、ヨハン・ゲルトルさん(七三)が大きくうなずいた。今は、国境審査さえなく、ごくごく当たり前に、車が行き交っている。

夏真っ盛りだった事件当日、ベラさんはハンガリー側、ゲルトルさんはオーストリア側で、国境の警戒にあたっていた。

社会主義陣営にありながら民主化を進めていたハンガリーは八九年五月、オーストリアとの国境にある鉄条網の撤去に着手。この動きを聞きつけて、東ドイツから西ドイツへの亡命を目指す人たちが押し寄せた。亡命を後押しするため、ハンガリーの民主化団体などが国境を行き交うイベントとして開いたのが「ヨーロッパ・ピクニック」だった。

二人の証言によると、事件当日の状況はこうだ。午後三時に国境の門を開けると、数分のうちに、ピクニックに来たはずの東ドイツ市民数百人が押し寄せ、オーストリア側に一気になだれ込んだ。

ゲルトルさんは、感慨深そうに語り始めた。

「そこには号泣し、笑い、そして抱き合うたくさんの東ドイツ市民がいたんだ」

寝耳に水の出来事に、オーストリア側にいたゲルトルさんは当時、混乱してしまい、「事前になぜこちらに連絡しないのだ」と、その場で、ベラさんに詰め寄ったという。

オーストリア・ハンガリー国境にあった「鉄のカーテン」の跡地で語りあうゲルトルさん（右）とベラさん（2014 年 11 月 3 日）

ハンガリー側の人間だったベラさんはその時、もう少し、落ち着いていた。

「これはきっと何かあるぞと、予感めいたものがあったんだ。というのも、事件の二日前に、首都ブダペストの警備当局から『数日以内に、たくさんの東ドイツ市民の集団がやってくる』との知らせが現場に届いていた」

ベラさんらハンガリー側の担当者が、銃で人々を止めることはなかった。

「あの時は、身の危険を感じた場合にのみ、発砲は許されていたんだ。一気に押し寄せる人々を前に、こちらから撃たないとすぐ決めた。どれぐらいの時間で判断したのか？　うーん、一〇秒ぐらいだろうか」

大げさかもしれないが、もしかすると、自由を求めて殺到した東ドイツ市民に銃口を向けなかったベラさんの一瞬の決断は、その後の世界を大きく動かしたと言えるかもしれない。

二〇〇四年にハンガリーはEUに加盟し、オーストリアともども国境審査を廃止した「シェンゲン協定」の参加国になっている。

「開かれた国境」は、冷戦中は職務上のみだった二人の間柄もがらりと変えた。一線を退いた今では、車で二〇分もかからない、オーストリア側、ハンガリー側にある互いの自宅を月に数回は行き来する親友になっているのだ。人の巡り合わせは、時に不思議なもので、憎い演出をする。

「まったくこんな風になるなんて、想像もしなかったね。でも、国境にしばられない自由な生活は気持ちがいい。だから、あの出来事もいい感じで僕らの心に折り合いがついている」

二人はEUが目指す「人や移動の自由」を満喫していたのだった。

空疎なフェンス建設現場

セルビアやルーマニアと国境を接するハンガリー南部のクーベックハゾ村を訪れたのは、人々の越境を食い止めるフェンス建設が確実に進んでいた二〇一五年八月一八日だった。フェンスの東側の起点がある国境の村である。

フェンスが始まる場所にこそ、歴史の皮肉なめぐり合わせを解明する鍵が隠されているかもしれない。そんな漠然とした予感に支えられての訪問だ。

私を乗せた車は、舗装されていない、でこぼこの道を、時速一〇キロほどで、そろりそろりと進んでいった。左右には人の背丈以上の高さがある草が生い茂っている。もちろん、ハンガリー領内にいるのだが、どちらがどの国の方角なのか、もうさっぱりわからない。

草むらが切れて、急に一面の平原が視界に広がり、鈍い銀色の光を放つ真新しいフェンスが目の前に現れた。越境防止フェンスの起点にたどりついたのだ。高さ四メートルのフェンスと並行し、有刺鉄線も設置されていた。

間近で見ていると、よじ登ることもできそうだし、少しフェンスに穴を空ければ、いとも簡単に突破できそうだった。フェンスに触れてみると、案外柔らかい。必死に目をこらし、数キロ先まで見渡したが、守りを固めているのは数メートル先にいる警察官二人だけのようだ。しかも、同じEU加盟国のルーマニアとの国境ではフェンスが途切れている。ルーマニア側に回り込むと、簡単にハンガリー入りできそうだし、どこか間が抜けている気がしてならない。

セルビア国境沿いに建設された越境防止フェンスの東端に立つ
モルナル村長(クーベックハゾ村で，2015年8月18日)

「人々はいざとなればフェンスを迂回して、ハンガリー入りできる。オルバン首相は、難民をハンガリー人の新しい敵に仕立てようとしている。このフェンスは、国民の警戒感をどんどんあおり、自らの支持を固めるための政治パフォーマンスだ」

案内してくれた元国会議員のロベルト・モルナル村長(四四)は、顔をしかめた。

フェンス建設の大義名分は、ショプロンで会ったあのゲルトルさん、ベラさんが満喫している欧州内をパスポートなしで自由に往来できるシェンゲン協定だ。EU加盟国を中心に、出入国審査なしに自由に移動できるように定め、現在、参加国は二六か国まで拡大している「自由な欧州」の象徴だ。ハンガリーは入っているが、南を接するセルビアは参加していない。

「EUに向かう移民を阻止し、シェンゲン協定に参加する国々を守る」

ハンガリーのビクトル・オルバン首相(五二)はこう繰り返していた。

いざフェンスの前に立つと、空疎な思いにかられた。オルバン首相が連発する「反移民」の強い言動と、数キロ先までたった二人しか警察官がいない手薄な警備との落差があまりに大きかったからだ。

異彩を放つリーダー

EU内で「反移民」の急先鋒になっているオルバン首相は、EU加盟国でも、ひときわ異彩を放つリーダーだ。

ハンガリーが一九八九年に社会主義国家から民主主義国家に転換した際には若き改革派のリーダーとして頭角を現し、九八年から二〇〇二年、三〇代の若さにして首相を務めた。いったん下野したものの、一〇年の総選挙では経済の悪化に対する国民の不満を背景に勝利し、八年ぶりの再登板を果たした。首相が率いる中道右派フィデス・ハンガリー市民連盟など与党は一四年四月の総選挙でも、憲法も改正できる三分の二を超える議席を得て圧勝し、権力基盤は万全である。

興味深いのは、オルバン首相が今、「反移民」を前面に打ち出し、民族主義的な発言で知られるリーダーになっていることだ。一四年七月には「自由民主主義にはもはや力がない」と明言し、中国やロシアを「成功モデル」に挙げた。

「キリスト教に根ざしたヨーロッパの文化がイスラム教徒主体の移民に脅かされている」とどまることなく欧州へと押し寄せる難民や移民に対しても、ドキリとするような表現で、辛辣に批判していた。

「野党の立場から見ても、オルバン首相がきわめて優れた政治センスの持ち主であることは間違いない」

美しい街並みが「ドナウの真珠」とたたえられる首都ブダペスト。街を貫くように流れるドナウ川を一望できる国会議員会館の一室で、排外主義を掲げて国内で支持を広げる極右政党「ヨッビク」のマルトン・ギョンギョシ議員(三八)は、あっさり首相の手腕を認めた。

極右政党ということで、内心ではキャラが立った風貌を予想していたのだが、ギョンギョシ議員は、話の中身はともかく、弁舌さわやかなビジネスマンというイメージがぴったりの、語り口もソフトな人物だった。

「反移民は、こちらが一貫して訴えていたことです。首相は、我々のお株を奪いに来ています。有権者の意向と時代の流れに、躊躇なく自らを合わせることができる人物と言えるでしょう。政治思想が一八〇度変わることもいとわない」

台頭するヨッビクの主張に歩調を合わせ、移民阻止の姿勢を鮮明にすれば、自ら率いる与党フィデスの支持につながる。根っからのナショナリスト(民族主義者)ではなく、民意のありかをくみとることに長けたポピュリスト(大衆迎合主義者)のオルバン首相は、大衆受けしやすいフェンス建設を前面に出して、政権維持をはかっている――。

これがギョンギョシ議員の見立てだった。

メディアへの強権姿勢

民族主義的な発言が目立つオルバン首相には、強権的な政治手法も目立つ。その象徴とも言えるのが、政権に返り咲いた後、拍車がかかった言論規制だ。

「政府になびかない我々を狙い撃ちした政治的な意図は明らかだ」

二〇一四年一〇月、ブダペスト郊外にある民間放送局「RTLクラブ」のCEO室。ディルク・ジェルキンス最高経営責任者(CEO)は、私にオルバン首相への怒りをいきなりぶちまけた。ルクセンブルクのRTLグループ傘下で、ハンガリーで八つのチャンネルを放映する最大の民放だ。

ハンガリー政府は、私がRTLクラブを訪れる二か月前、新聞やテレビなどメディア関連企業への広告税を導入していた。その後、人々のインターネット使用に対する課税検討も表明し、一部メディアや市民が「報道や表現の自由を侵しかねない」と強く反発していた。

ジェルキンスCEOが「狙い撃ち」とまくしたてた理由はこうだ。広告税は、年間の広告収入に応じて、最大四〇%が課税対象となる。大企業ほど負担が重くなるため、実際にはRTLクラブ社が広告税全体の八割を支払う見込みだという。人員整理に着手しているとはいえ、同社の翌年の営業利益は広告税ですべて吹き飛びかねない。

「メディアは、独立性の維持こそが成功のかぎだ。一度政権にひざを屈したら、もう後戻りはできない。君はこのことをよく覚えておくべきだ」

ジェルキンスCEOは、法廷闘争も辞さないと徹底抗戦の構えだった。写真撮影を頼むと、少し考え込んだ。そして、部屋の中の自局の番組が映るテレビに手をかけて仁王立ちし、じっ

RTL クラブ社内で，自局の番組が映るテレビに手をかける
ジェルキンス CEO（ブダペスト郊外で，2014 年 11 月 6 日）

とカメラのレンズを見据えた。「オルバン首相には絶対に負けない」と意思表示したのだった。

オルバン首相は一〇年に政権に返り咲くとすぐに、報道内容の規制を可能にする「メディア法」を成立させた。政府に近いメディアにのみ、政府系企業が広告を出す傾向も目立っている。その結果、政府とのいざこざを避けるため、テレビでは政治関連の報道量が減り、代わりに娯楽番組が増えているという。

なぜ、オルバン首相がメディアへの圧力を強めたのか。

言論機関への圧力を監視する非政府組織（ＮＧＯ）「メルテク」メンバーで、ブダペストにあるコルビナス大学のアグネス・ウルバン准教授（四二）は、オルバン首相がいったん退陣を余儀なくされた〇二年総選挙の敗北体験が背景にあると指摘した。

「その後、オルバン首相は八年間にわたり、雌伏の時を過ごすことになりました。自分に矛先を向けないメディアの数を増やすことが、強固な権力基盤には欠かせないと考えているのです」

オルバン首相と同じ時代の空気を吸った同世代の声にもヒントがあるかもしれないと思い、ブダペスト中心部にあるエトバス・ロラーンド大学のフェレンク・ハンマー准教授（五一）の研究室を訪れた。民主化の直後、人々が自由に出演し、発言できるラジオ局の開設に奔走した人だ。

部屋のドアを開けると、額縁におさまり、壁に大切そうに掲げられた一枚のチラシが目に飛び込んできた。ラジオ局の開設を当時、人々に知らせたものだ。ハンマー准教授はこの国が社会主義国家から民主主義国家へと大転換した時は二〇代の若者だった。やはり、今も忘れがたい若き日々なのだろう。

「政治スタイルとしてのポピュリズム自体は、悪いことだと切り捨てることはできない。政治家が世論の支持を集めようと動くのは、ごく当然のことだから」

ひとしきりラジオ局の思い出を笑顔で話した後、ハンマー准教授は、こう前置きしながら、冷静に現状をひもといた。

「問題は、政治について話す時、人々の声が小さくなっていることだ。せっかく民主主義がやってきたのに、まるで市民が声を潜めていた社会主義国家の八〇年代に戻ってしまったような感覚を覚えてしまう。まったく皮肉な話だ」

ハンマー准教授の話に耳を傾けてから一年足らず。偶然にも、私を越境防止フェンスに案内してくれたモルナル村長も、民主化当時の思い出を語り始めたのだった。ハンマー准教授よりも七歳年下の村長は、まだ一〇代の若さで、民主化運動に身を投じていた。

「本当にささやかな力だったが、自分があの時、自由を求めて、東側の体制を崩すことに関わったことは今も誇りだ。もっとも、ベルリンの壁まで壊れて冷戦が終わるなんて、こちらは想像もしていなかったけどね。壁が壊れたと同僚から話を聞いた時も、こちらはからかわれたとばかり思って、その後もずっと工場で夜勤を続けたのだから」

村役場で、私にクッキーやコーヒーを気さくにすすめながら、当時に思いをはせるモルナル村長は実に楽しそうだった。

「若い頃は自分も野心的なところがあって、ずっと国会議員を続けるつもりだった。でも落選して、生まれ故郷である人口一五〇〇人のこの村に戻ることになった。村長として、身近な人のために頑張る。そういう人生もいいじゃないかと、心の折り合いはついている」

少し寂しげな表情を浮かべて続けた。

「今、オルバン首相はかつての私たちと同じように自由を求めている難民や移民を敵と色分けしている。こういう政治手法はハンガリー社会の右傾化や分断を進めるだけではないか」

社会主義国家から民主主義国家への転換期を懐かしむハンマー准教授やモルナル村長。自らの基盤強化にひた走るかのように、今は移民排斥を掲げて、フェンス建設に邁進するかつての民主化の旗手、オルバン首相。中東などからハンガリーに突然、押し寄せた人々は、まるで四半世紀を経たこの国の民主主義を試しているかのようだ。

「首都の顔」が難民キャンプ化

オーストリアの首都ウィーンからハンガリーの首都ブダペストまでは、国際列車で約二時間半の距離である。ウィーン中央駅を出て四〇分もすれば、もうハンガリー領で、ドイツに源を発し、ついには黒海へと注ぎ込むドナウの流れを時折目にしながら、列車は平原を一路ブダペストへとひた走る。

オーストリアとハンガリーは、歴史的なつながりが深い。中欧に約六五〇年にわたって君臨したハプスブルク帝国は、一八六七年以降、オーストリアとハンガリーが対等の地位にある二重帝国となり、第一次世界大戦が終わった一九一八年に解体されるまでの約五〇年間、最後の輝きを放った。

セルビア国境でのフェンス建設は、着実に進んでいた。クーベックハゾ村を訪れてから約二週間後の二〇一五年八月三〇日。ウィーンから追加取材に向かう私を乗せた国際特急列車は、いつも通り、ほとんどの国際列車が発着するブダペスト東駅に着いた。日本に当てはめるならば、JR東京駅や大阪駅のような一大ターミナルだ。

ホームに降り立つとなんだか変だ。いつもと違うざわめきが聞こえてくる。いぶかしい思いと共に、駅の階段を下りていった。ざわめきは、ますます大きくなる。幼稚園か保育所の一室に足を踏み入れた時のような、子どもの歓声さえ聞こえてきた。歩道の手すりには、シャツや靴下といった洗濯物が干されている。人いきれが鼻を突いてくる。やはり、おかしい。

駅の地下広場は、真夏なのに、背筋がぞくりとするような光景が広がっていた。

「首都の顔」とも言える駅が、野宿を続けるシリアやアフガニスタンの人たちに占拠され、

「難民キャンプ」と化していたのだ。

軒下のあちこちに敷かれた粗末な布や簡易テントが、人々の寝床。先ほど耳にした歓声は、サッカーボールを追いかける子どもたちの声だった。ドイツへと向かう列車に乗るチャンスを待っているのだが、シャワーや風呂があるはずもなく、連日三〇度を超える残暑が続く中、ぐったりとしている人も多い。

上：ベルリン行の夜行列車に殺到する難民たち
下：同駅前の広場で過ごす難民の親子（いずれもブダペスト東駅で，2015 年 8 月 31 日）

尋常ならざることが起きている。

翌日はフェンスの件で、ハンガリー政府のゾルタン・コバチ政府報道官（四六）へのインタビュー取材が入っていた。

いかにもやり手といった空気を身にまとったコバチ報道官へのインタビューは、難民・移民問題の対応に追われている現状を映し出すように、殺到する問い合わせへの対応や、ハンガリー政府の言い分をソーシャルメディアで発信する作業で、たびたび中断された。

「真っ先に言わせてもらうよ。ハンガリーは今、世界的な問題に直面している。移民の流入を食い止めるためにフェンスを作っているのは、国境を守る唯一の手段だから。さらに言うと、単に自分たちの国境だけじゃない。オルバン首相が言うように、欧州のためにシェンゲン協定を防衛している。あれこれ非難されるいわれはまったくない」

「フェンス建設は、反移民政策を掲げて、国内で支持を伸ばす極右政党ヨッビクの主張に影響されているのではないか」と、質問してみた。

「我々は責任ある政府。特定の野党に影響されるはずがない」

コバチ報道官はむっとした表情で否定した。しかし、ハンガリーが対応に苦慮していることやEUへの不満を隠そうとはしなかった。

「今年に入ってから、もう一五万人も不法移民がやってきた。この国だけで面倒を見られるはずがない。限られた時間で、殺到する人々を難民と不法移民に見分けるなんて不可能だ。手をこまねいているばかりのEUの対応策など待っていられない」

インタビューを終えると、すぐにブダペスト東駅へ戻った。さらに難民や移民が増え、殺気立った雰囲気だ。ドイツ方面へと向かう列車のプラットフォームは、混乱を避けるため、バリケードで臨時改札が作られ、人だかりができていた。

「この列車はベルリン行だ。間違えるな！」

駅職員らが叫んでいた。人々が、ドイツの首都ベルリン行の夜行列車を目がけ、我先に突進していく。近くの切符売り場もごった返していた。

抱えきれないほどの荷物を持ったシリア難民のアサド・フセインさん（三六）一家六人が肩を落として臨時改札から戻ってきた。慣れない外国で言葉の壁もある。同じドイツでも手に入れたのが南部ミュンヘン行の切符だったのだ。

「シリアにはもう戻れない。ここまで来て、進まないわけにいかない。必ずドイツ入りする」

表情からは固い決意がうかがえた。

ソーシャルメディア

駅構内の地下広場では、ボランティアによる必死の救援活動が続いていた。ペットボトルの水を配っていたイギリス出身の男性は、フェイスブックで「ボランティア募集」の知らせを聞き、休暇を途中で切り上げて駆けつけたという。インターネットの重要性を何より雄弁に物語るように、広場の壁には「無料Wi-Fiはこちらです」との案内が、誰にも一目でわかるほど大きく、チョークで書かれていた。

シリア北部アレッポから約五〇日かけて、ブダペストにたどりついたラマン・アブディさん(一九)は、通過する国が変わるごとに、プリペイドのSIMカードを入手し、スマートフォンに挿入して使っていた。

「知らない土地でも、スマートフォンさえあれば、GPS(全地球測位システム)で、自分の場所を把握できる。フェイスブックを使えば、すでに通過した人やNGOの情報で、どこのルートが一番便利なのかを探り当てることができる。この手の話は、インターネットで一気に広がり、みんなで共有するのです。だから必ずドイツにたどりつけます」

インターネットが生む圧倒的な「口コミ」の力が、群衆を生み、ブダペスト東駅の難民キャンプ化に影響したのかもしれない。駅で人々に行き先を尋ねると、たとえ出身国は違っていても、ほぼ一〇〇%の割合で、「ドイツ」といつも同じ答えが返ってくる。「ハンガリーの対応は最悪だ」とも異口同音に答える。

「新難民」「新移民」とでも、こちらが呼びたくなるほど、スマートフォンを巧みに操り、画一的な行動パターンを見せる人々は、まさにインターネットの申し子だ。大げさに言うと、スマートフォンという手のひらサイズの強力な最先端の武器を手に、新しい生活を夢見て、一路欧州を目指し行進している。

こちらも取材を終えると、記事や写真を送るために真っ先に飛び込むのは、東駅に近い無料Ｗｉ-Ｆｉのあるカフェやファーストフード店だ。傍らではいつもシリアから来たという若者たちが、地元店員の冷たい視線をものともせず、スマートフォンの画面とにらめっこしながら、フェイスブックに夢中になっている。

大学を卒業し、新人記者となった一九九八年は、暗室にこもり白黒写真の現像に悪戦苦闘していた。写真は、支局備え付けの電送機で本社へ送っていた。今では、一眼レフのデジタルカメラでの撮影、その場からの送信は当たり前。スマートフォンで動画まで撮影し、Ｗｉ-Ｆｉで本社に送っている。

この一か月後に、アリさんと出会ったギリシャのレスボス島で、人生で初めて自分がリポーターとなって動画に出演したのだが、即席のカメラマン役をボランティアで請け負ってくれたのは、何とたまたま通りがかった、欧州を目指すシリア難民の若者だった。若者は、遠慮がちに切り出したこちらの頼みに「お易いご用だ」と自信たっぷりに、スマートフォンを構え手際も鮮やかに撮ってくれた。

インターネットの最新技術は、間違いなく、難民や移民の立ち居振る舞いも、記者の働き方も根っこから変えている。

歩き出した人々

ハンガリー政府は九月一日、ブダペスト東駅を一時閉鎖し、たむろしていた難民や移民をいったん駅から追い払った。閉め出された人々は、駅前に繰り出し、「立ち入り禁止撤回」を求める抗議活動を始めた。

「ドイツ、ドイツ!」

「メルケル、メルケル!」

難民受け入れに積極的なドイツのアンゲラ・メルケル首相(六一)の名前を叫び続ける人々。ヘルメットに防弾チョッキの重装備で身を固めた警察官がずらりと仁王立ちし、何人たりとも駅に入れない構えの当局側。一触即発の緊迫したにらみあいが続いた。

ハンガリー政府が閉鎖したブダペスト東駅前で，警察官にドイツへと訴えるシリア難民(2015 年 9 月 1 日)

この日の午後、ウィーンにどうしても帰らなければならない私は、シュプレヒコールに後ろ髪を引かれる思いで、すでに予約していたミュンヘン行の国際特急列車に飛び乗った。

「事がいったん走り出したら、もう止まらない」とはよく言ったもので、ハンガリー国内の混乱はおさまるどころか、どんどんひどくなっていった。

ハンガリーの鉄道会社は九月三日、ブダペスト東駅から西欧諸国へ向かう国際列車をすべて運行停止にすると表明した。西欧諸国を目指す人々のうねりが、一国の鉄道機能をまひさせる異常事態になってしまった。

この日、ブリュッセルのEU本部を訪れていたオルバン首相は、高らかに宣言した。

「指紋採取などの登録が済まない限り、移民をハンガリー国外には出さない。我々はEUのルールに従っているだけだ。ハンガリーを非難するな。移民は欧州には来ないで欲しい」

ところが、列車に乗るチャンスをうかがっていた人々は、予想もしない行動に打って出た。ブダペスト東駅で野宿を続けていた数千人が、九月四日になって、約二五〇キロ離れたウィーンを目指し、歩き始めたのだ。その後も、人数が増え続けた巨大な行進で、市内の幹線道路や高速道路は大渋滞となり、混乱はさらに拡大した。

ハンガリー政府は五日未明、オルバン首相とオーストリアのヴェルナー・ファイマン首相(五五)との電話協議を踏まえ、バス約一〇〇台を急遽手配。ブダペスト東駅で野宿したり、道路を歩き始めた難民らをオーストリア国境へと輸送し始めた。

結果的に、人々の行進は、強硬姿勢を見せていたハンガリーの対応を一変させることになったのだ。

怒濤《どとう》の人波が、ハンガリー・オーストリア国境へと一気にやってくる。夢にも思っていなかった展開に、私は真夜中のウィーンで、頭をがつんとやられた気分だった。とにかく、国境へと急いで駆けつけ、人々を見つけ出さねばならない。

ウィーンから東へ約七〇キロ離れた国境の町ニッケルスドルフで、オーストリア赤十字が難民センターを作り、食料や医療支援の準備を整えているという。とるものもとりあえず、私は五日午前四時半ごろ、タクシーに飛び乗った。

のどかな田園風景が広がる早朝のニッケルスドルフはまだ薄暗く、小雨が降り続いていた。タクシーの窓から周囲を見渡して息をのんだ。数百メートル先の道路で、抱えきれないほどの荷物を持って歩いてくる人々の一団がいる。一キロほどはある長蛇の列だ。オーストリア国境近くで、ハンガリー政府が仕立てたバスを降ろされた人々が、国境を歩いて越え、オーストリア政府が大急ぎで仕立てたウィーン行の特別列車が待つ約五キロ先のニッケルスドルフ駅へと向かっていたのである。

シリア難民らしき若いカップルが、びしょ濡れになりながら、毛布でぐるぐる巻きにした「荷物」を一つずつ、大切そうに抱えてやってくる。どうも変だと思いながら、道路脇にしゃがみ込んでカメラを構えてぎょっとした。

夫婦が一つずつ抱えた「荷物」からは、それぞれ二本ずつ、人間の小さな足が出ていた。早朝でまだ寝入っている子どもたちを雨にうたせまいと必死に守っていたのだ。写真を後で確認すると、こちらの心の揺れを映し出すかのように、ピントがずれてしまっていた。

「ブダペスト東駅で六日間も妻子と野宿をしてチャンスを待っていた。昨日からほとんど寝

降りしきる雨の中，駅へと向かう親子連れ（ハンガリー国境に近いオーストリア東部ニッケルスドルフで，2015 年 9 月 5 日）

ていないけど、ここまで来ることができて、今は幸せだよ。あと少しでドイツだ」

毛布でくるんだ一歳の息子を両手で抱えたシリア出身のバシェール・アルタハさん(二三)は白い歯をみせた。

道路では時々、自家用車が歩いている家族連れを乗せて走り去っていった。数日前、乗っていたボートが転覆し、トルコ側海岸に遺体となって漂着したシリア難民のアラン・クルディちゃん(三)の映像が全世界に流れ、衝撃が広がったばかり。市民の間で難民への同情が広がり、ソーシャルメディアでつながったボランティアが、行進する人々を車に乗せてニッケルスドルフ駅へと運んでいたのだった。

駅で会ったシリア出身のマザン・アイドさん

（四七）が、笑顔でいきさつを話してくれた。
「ブダペストから高速道路を一〇時間も歩いた。二時間は雨に打たれた。でも最後にドイツに行くことができればいい。とにかく、ドイツ、ドイツだ」

四両編成のウィーン西駅行の「特別列車」が到着するや、たちまち五〇〇人ほどの人だかりができた。私も何とか乗り込むことができた。まもなくドアが閉まり、列車は静かに動き始めた。電車が動き出した時、社内では人々の拍手が起きたが、一〇分ほどすると、大半が眠りに落ち、静寂が訪れた。

出発から約一時間で到着したウィーン西駅では、ボランティアが車内で起きたのよりもぐんと大きな拍手で人々を出迎えた。

食事や休憩をとった人々は、ここからさらに西へと向かい、モーツァルトを輩出したオーストリア西部の都市ザルツブルクから、ドイツ南部の主要都市ミュンヘンを目指す。

私はもう一度ハンガリーの現場を取材すべく、人々の流れに逆行し、東のブダペスト方面へと向かう国際列車に飛び乗った。

「貧しい人は来ることができない」

ブダペスト東駅では六日、オーストリア国境方面に向かう列車が再開されていた。列車に人々が続々と乗り込んでいく。バスだけでなく、鉄路でも国境を目指す動きは止まっていなかった。

「ここまでたどりついたのは、シリア国内でも経済力があった人たちだ。貧しい人は国外に出るのも難しいし、欧州まで来るなんて不可能だ」

生後四か月の赤ちゃんをあやしながら、オーストリア方面行の列車を待つモハメド・アブドラさん（二八）は流暢《りゅうちょう》な英語で語り始めた。

アサド政権が堅持する西部の主要都市ラタキアの出身。アラブ首長国連邦のホテルや、地元企業で営業職として働いていた。二〇一一年に内戦が始まった後も、ラタキアは治安が比較的安定していて、一〇〇〇ユーロ（一三万円）ほどの月収があった。

しかし、反体制派の攻勢がラタキアに近づいたために、一四年末にトルコへ脱出した。すでにシリア難民であふれたトルコに仕事はなく、欧州行きを決意。バルカンルートをたどって、ハンガリーへとたどりついた。

「とにかく豊かなドイツを家族で目指すことにした。蓄えと自宅を売った資金で旅費はまかなった。トルコにいても展望はないので仕方がない」

アブドラさんが、手引きする業者らに払った費用は、家族三人分で約三六〇〇ユーロ(約四六万八〇〇〇円)だという。

海路が最も少ないバルカンルートを利用し、ドイツを目指す難民や移民が急増したのは、地中海を密航船でイタリアに向かう「地中海ルート」で、船の遭難が相次いだからだ。同じくシリアから逃れてきたモハメド・アルバクリさん(二四)は、人々が陸路を北上するバルカンルートに殺到する理由を、顔をしかめながら語った。

「トルコからギリシャ・レスボス島までさえ、小さなゴムボートに約五〇人がすし詰めになって、真っ暗な海の上を一時間半も、当局に見つからないようにじっと息を潜めた。たった一時間半と思うかもしれないが、あんなつらく危ない経験は、もう二度と味わいたくない。海の旅が一番危ないという話は、インターネットでみんな知っているから、地中海ルートが敬遠されるのは、ごく自然の成り行きだ」

セルビア国境をついに封鎖

ハンガリー政府が、越境防止フェンスで、セルビア国境を「完全封鎖」したのは九月一四日夕だった。私はこの日の朝から、セルビアと国境を接するハンガリー南部レスケで、線路上を歩いて越境してくる人々を取材していた。

越境防止フェンスの設置はすでに終わっていたが、この線路だけは、徒歩でハンガリー入りを目指す人々の「抜け道」となっていた。ハンガリー政府は、線路上に有刺鉄線をつけた大きな貨車を置いて、人々の流れを断ち切ったのだ。

線路にどしりと腰を下ろした貨車は、「ハンガリーには二度と来るな」というハンガリー政府の強烈なメッセージのシンボルなのだ。

一五日朝、現場を再訪すると、前日まで途切れることがなかった大量の人波は消えていた。人々が線路の石を踏みしめるギュッ、ギュッという音も消えていた。フェンスの向こうのセルビア領の草むらがかさかさと鳴っている。行く当てもなく、歩き続ける難民の人影が見えた。

フェンス前では、防弾チョッキに身を包んだ警察官や軍人が銃を手に目を光らせる。ヘリコプターがうなりを立てて旋回し、空からも監視していた。フェンスの起点を見るために、一か

セルビアとの国境から1キロほどハンガリーに入り，線路上に座り込むシリア難民の女の子(レスケで，2015年9月13日)

月前に訪れたクーベックハゾ村までは東に二〇キロしか離れていないのだが、あの時とはまったくの別世界が広がっていた。

クーベックハゾ村でフェンスを見た時には、あまりに手薄な警備に空々しい気持ちになったはずなのに、ものものしい雰囲気に包まれたフェンスの前に立つと、かつて欧州に攻め寄せてきたオスマン・トルコ帝国軍の攻勢を防いだ城壁を真っ先に想像してしまった。

「キリスト教に根ざした欧州の文化が、イスラム教徒主体の移民に脅かされる」

オルバン首相の言葉を思い出し、うなってしまった。ハンガリーが一時、オスマン・トルコに支配された歴史を踏まえれば、ハンガリー人の深層心理に絶妙に響くフレーズではないか。

「欧州の鼻つまみ者」などと、時に揶揄されながらも、民主化当時から四半世紀にわたり、ハンガリー政界の中心に居続けるオルバン首相の政治的嗅覚は、やはり、なかなかのものだ。人々は、別の「抜け道」を探すようにクロアチアへと迂回し始めた。

クロアチア　予想外の反撃

ハンガリーが事実上、セルビア国境を封鎖したことで、人々はルートを西へと変更した。数日のうちに約二万人がクロアチアへと殺到した。

ドイツへの「最短コース」を考えると、人々はクロアチアの西隣にあるスロベニアに向かい、オーストリアを目指すだろう。次なる取材現場は、クロアチア・スロベニア国境のはずだ。私は大急ぎで、すっ飛んでいった。

にもかかわらず、二〇日に訪れたスロベニア東部オブレジェに、難民は数百人しかいなかった。多数の武装警官が厳しい監視を続けている。かつてユーゴスラビアの一翼をなした人口二〇七万人の小国スロベニアは、混乱を避けるため、小さなグループごとにしか入国を許可していなかったが、それにしても数が少ない。

必死に難民をなだめる警察官（ハンガリー国境に近いオーストリア東部ニッケルスドルフで，2015年9月22日）

人々は驚くべきことに、国境を目の前に追い払われたはずのハンガリーを通り、オーストリア入りしていたのである。

迂回路として人々が押し寄せたクロアチアは、何と列車やバスで、人々をハンガリーへと送っていたのだ。クロアチア・ハンガリー国境には、まだ越境防止フェンスはできていない。人々は国境近くにまでどうにかして運んでもらえれば、まだ国境を歩いて越えて、ハンガリー入りできるのだ。

二日後の九月二二日、オーストリア東部ニッケルスドルフを再び訪れた。二週間ほど前、雨に打たれながら、ハンガリー国境を越えて歩いてくる人々を取材した、あののどかな田舎町ニッケルスドルフだ。

クロアチアが本当に必死になって、せっせと人々をハンガリーに送り返した事実をしっかり証明するかのように、国境検問所では数え切れないほどの人がハンガリー側からオーストリアへ歩いて越境していた。その数は、一日約一万人に達していた。

「バスは必ず来る。落ち着いて」

大きな身振り手振りを交えて、英語で呼びかけるオーストリアの警察官や兵士が、てんやわんやの対応に追われていた。難民たちは五〇人ほどのグループに分けられ、政府が用意したバスに乗り込んで、一時収容施設へと向かっていた。

「ハンガリーが越境防止フェンスでセルビア国境を封鎖したと聞いて、クロアチアに迂回するしかなかった。でも、クロアチア政府はバスを用意していて、ハンガリーまで運んでくれた。置き去りにされた僕たちをハンガリー政府はなぜか列車で、この近くまで運んでくれて、ここまで歩いてやってきた。なぜ、そして、どうして、ハンガリーを急に通ることができたのか、さっぱりわからない。でも、オーストリアまでたどりつけて、本当にうれしい」

シリアからドイツを目指すアブドラ・アルヘアミさん(二五)は、自らがたどった「奇妙なルート」について、首をかしげ続けながらも満面の笑みを浮かべて説明してくれた。

なるほどそうだったのか。ハンガリーにしてみれば、越境防止フェンスで、いったん追い払ったはずの難民らがブーメランのように戻ってくるのは想定外の展開である。でも、難民らが自分たちの国に居座り続ける事態だけは何としても避けたい。背に腹はかえることができず、結局、自分たちもクロアチアの対応を批判しながら人々の次の目的地となるオーストリアにせっせと運んだのだ。

人道危機を何としても食い止めるという大切な責任を放棄したようにしか見えないハンガリーやクロアチアの「押し付け合い」だが一刀両断に批判したり、笑ったりすることはできない。強気一辺倒のハンガリーにしても人口約一〇〇〇万人、クロアチアはさらに少ない約四三〇万人。いつ終わるともしれない圧倒的な人波を、いつまでも自分たちの国に抱え込むのは無理に決まっている。

新バルカンルート誕生

ハンガリーは一〇月一七日午前〇時、クロアチアとの国境約三〇〇キロにわたる、越境防止フェンスの設置を完了させた。ハンガリーを通るルートは完全に閉じられ、人々はクロアチアからスロベニアに迂回し、オーストリア入りするしかなくなった。

私は同日午後、ウィーンからハンガリーが閉じたばかりのクロアチア国境へ大至急駆けつけた。もう人っ子ひとりおらず、数え切れないほどの人々の足跡や、大量に散乱する服や子どものぬいぐるみが、国境が閉じられる前に駆け込んだ人々の慌ただしさをうかがわせる。「越境防止フェンス」だけが、雨上がりの野原で異様な姿をさらしていた。

ギリシャからマケドニア、セルビア、クロアチア、スロベニアと旧ユーゴスラビアを縦断し、オーストリアを経て、ドイツを目指す。アリ・バグリさん一家や、同行して追跡取材した私がたどった「新バルカンルート」は、こんな紆余曲折を経て、できあがった。

ドタバタのさなか、ウィーンからブダペストへ向かう列車で、ハンガリー人の中年男性に話しかけられたことが今も忘れられない。

「ハンガリーは今、大変な危機を迎えている。イスラムとの共存は絶対に無理だ。景気も良くないのに、移民は我々の仕事を奪いにきている。ますます景気が悪くなってしまう。経済のグローバル化が進んでいるから、ハンガリーがEUに加盟していても恩恵なんかないよ。EUは役に立たない。政府のことはそこまで信頼していないけど、今回ばかりは、フェンスを建てたオルバン首相の対応を支持している」

それまで私と穏やかに世間話をしていた男性が、難民・移民問題に話が移ったとたんに豹変し、まくしたててきたので、半ばのけぞり耳を疑った。押し寄せる人々を毛嫌いしているし、どうも、各国からエリート官僚が集結するブリュッセルのEU本部への反発心も強いようだった。

東側陣営にありながら、民主化の先駆けとなったハンガリーは「優等生」として、二〇〇四年にEU加盟を果たしたが、人々の生活に直結する国内経済は低迷している。暮らし向きが良くならないことに対し、人々は常に不満をくすぶらせている。

政治センスに優れたオルバン首相が、ポピュリズムを前面に出した政策を優先するのは、一歩間違えれば、人々の不満の矛先が、すぐに自らに向かうと察知しているからとも言える。メディアへの規制強化も、人々の自らへの批判をいかに和らげ、そらすかに心をくだいているためという点では同じだ。

事実、フェンス建設に突き進み、EUにも反発姿勢を示すオルバン首相の支持率は、難民・移民問題に支えられるように安定している。となると、「大衆の不満のはけ口になるように、難民や移民はスケープゴートとして利用された」との構図が透けて見えないか。

ハンガリーが、セルビアとクロアチアとの国境に相次いで建てた越境防止フェンスは、自国への難民・移民の流入を食い止めることに成功した。ただし、ハンガリーが人々を厄介払いしても、結局、ドイツなどへ向かう人波そのものは迂回しただけで、とどまるところを知らないままだ。

二〇一五年一月、「イスラム国」(ＩＳ)に殺害されたジャーナリスト、後藤健二さんがシリア入りする際に通過したトルコ南部のキリスの国境検問所を同月取材で訪れた時の風景を、今も鮮やかに覚えている。降りしきる雨の中、おそらく全財産であろう、持てる限りの荷物を手に逃げてきた人々が、とめどもなくシリア側からトルコへ入国していた。

皮肉にも、同じ年のうちに、同じような光景を、欧州各地で目の当たりにすることになってしまった。水道の蛇口は開いたまま、満杯になったコップから水があふれ出すように、逃げてきた人々の大量流入で飽和状態となったトルコから、欧州へ向かう巨大な人波が生まれるのはごく自然なことだったのだ。

内戦が続くシリア。依然として政情が定まらないアフガンやイラク。やはり、問題の根っことも言えるこれらの国々に平和と安定をもたらさない限り、人々のうねりを力で抑え込もうとしても、解決に向けた光は何一つ見いだせないのではないか。

◈シェンゲン協定

欧州の難民・移民問題で、よく出会うキーワードが「シェンゲン協定」だ。

欧州連合（EU）加盟国を中心に、出入国審査なしで自由に移動できることを定めたもので、名称は、フランス、西ドイツ（当時）、ベルギー、オランダ、ルクセンブルクの五か国が一九八五年、ルクセンブルクの町シェンゲンで議論したことに由来する。

一九九五年三月に発効し、二〇一六年九月現在、参加国は二六か国まで拡大しているが、このうちノルウェーとアイスランド、スイス、リヒテンシュタインはEU非加盟。逆にEU加盟国でも、イギリスやアイルランドなど六か国は参加していない。

私が駐在していたオーストリアの首都ウィーンは、恵みを受ける最たる街だ。冷戦時代は「鉄のカーテン」で隔てられていた旧東側陣営のハンガリー領までは列車で約四〇分、スロバキアの首都ブラチスラバまでは約一時間。日本では余裕の通勤圏と言える場所にお隣の国があるのだ。

もっとも、国境を越えたと気づくのは、駅の看板デザインと、携帯電話の画面で通信サービスを提供する会社が変わることぐらい。国境越えは、日々の暮らしに溶け込んでいる。

協定の範囲が、旧東側陣営の国々へ一気に広がったのは二〇〇七年末。直前までウィーン特派員だった先輩記者が見せてくれた当時のパスポートは、出入国のスタンプだらけで、増ページもされていた。自分のパスポートは余白も多い。この違いこそが「自由に移動できる欧州」が進んだ証明だ。

第五章　贖罪のドイツ

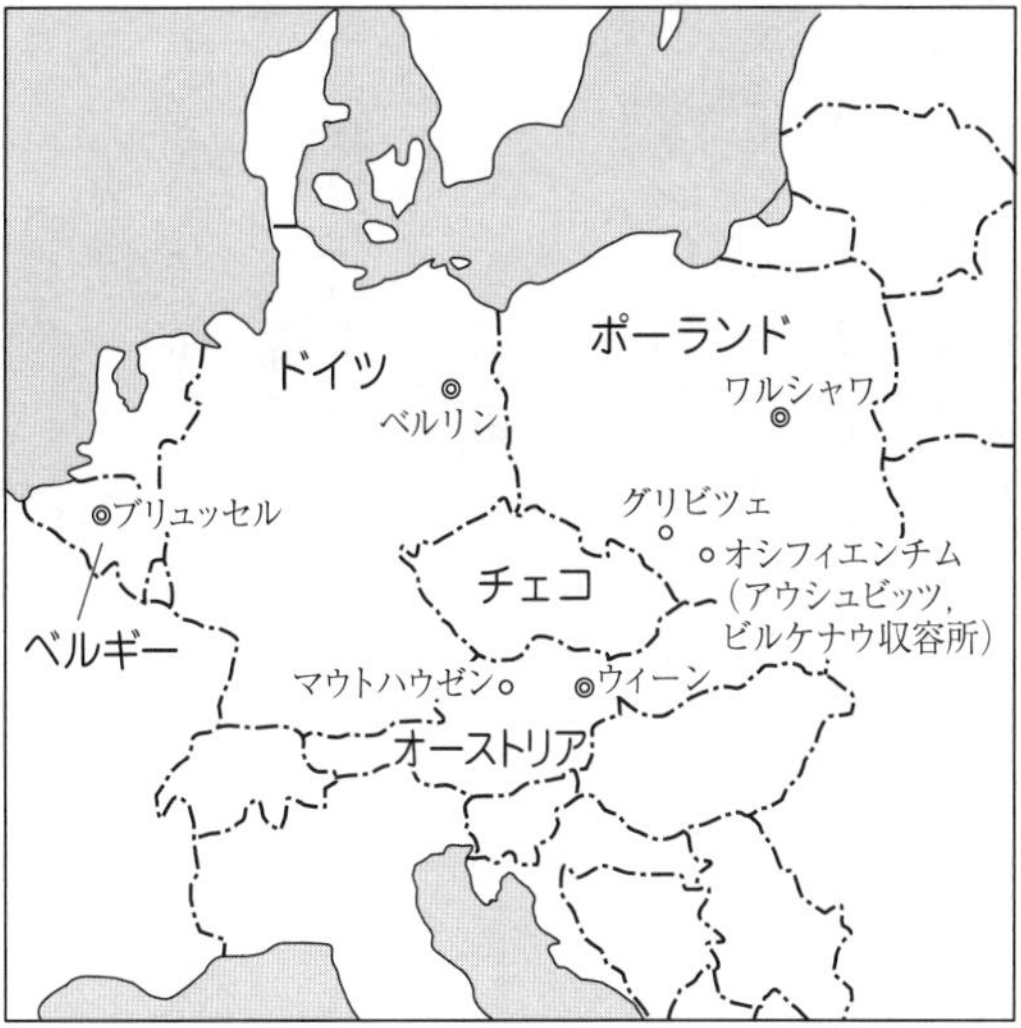

ドイツ
ベルリン
ポーランド
ワルシャワ
ブリュッセル
ベルギー
グリビツェ
オシフィエンチム
(アウシュビッツ,
ビルケナウ収容所)
チェコ
マウトハウゼン
ウィーン
オーストリア

自宅アパートの意外な前史

一〇〇万人を優に超える政令指定都市であるさいたま市や広島市の人口に匹敵する人々が、「難民と認められて住みたいです」と、日本に殺到してきた。

こんな話を切り出すと、ほとんどの人は「あり得ないよ」と、まともにとりあってはくれないだろう。

しかし、「あり得ない」では済まない出来事が、二〇一五年のドイツでは本当に起きてしまったのである。

ギリシャのレスボス島で出会ったアフガニスタン出身のアリ・バグリさん(三〇)一家がドイツ南部メスシュテッテンの一時収容施設にたどりついたのを見届けた私は、二〇一五年一一月二三日、三週間ぶりにウィーン中心部にある自宅アパートへ戻ってきた。

この時点で、人口八一七七万人のドイツは、一五年の難民申請者数が八〇万人に達すると予測していた。最初のたとえ話は、この八〇万人を単純に日本の人口約一億三〇〇〇万人に当てはめてみたものだ。

ドイツを目指した気の遠くなりそうな数の人々。少しオーバーな言い方をすれば、人々に大きく門戸を開いたドイツの欧州における圧倒的な存在感を目の当たりにした旅であった。人々の足をぐっと向けさせるのは、人道主義に基づいた寛容な受け入れ方針と手厚い支援ゆえであった。

きっと、ドイツの一挙一動をいつも気にしていたためだろう。実はアリさん一家の旅に同行している時も、その後、一家を見失って、各地をさまよっている間も、もう一人の男のことが脳裏にずっとちらついていた。

ウィーンで二〇一五年四月、九五歳で亡くなったノルベルト・ロッパーさん。ロッパーさんの一世紀近かった人生こそ、歴史がさりげなく、でも周到に準備でもしたかのように今、欧州を目指す難民たちに道を開いたのだという、大げさな思いさえ抱き続けていた。出会うこともなかったロッパーさんとアリさん。二人を結びつけるのは、くしくもドイツである。

アパートのソファに身を沈め、くらくらとするような強い思いに再びとらわれたのは、ドイツやロッパーさんの人生と、これまた切っても切り離すことができない生い立ちを持つこのアパートの磁力に違いない。

ウィーンのアパートは、約六五〇年にわたり、中欧に君臨したハプスブルク帝国の余韻を今に伝える「アルトバウ」と、第二次世界大戦後に建設された「ノイバウ」に大きく分けることができる。帝国の威光を示すかのように、空間を惜しみなく使うアルトバウの天井は、高さ約五メートルにも達する。これに対し、ノイバウは日本の一般的なマンションに近い感じで、高さ三メートルほどだろうか。

たまたま職場近くで見つけて借りた七階建ての自宅アパートは現代風のノイバウだった。奇妙なことに、周辺の建物は、重厚なアルトバウである。なぜ、ここだけがぽつんとノイバウなのかと不思議でならず、調べてみたことがある。

何とここはかつて「メトロポール・ホテル」という、ユダヤ人が経営するウィーン屈指の豪華ホテルだった。一八七三年に完成し、『トム・ソーヤーの冒険』で知られるアメリカの作家、マーク・トウェーン(一八三五〜一九一〇)もお気に入りだったという。

ホテルは突然姿を消し、二度と営業されることはなかった。

その理由は、一九三八年三月、オーストリアが、アドルフ・ヒトラー率いるナチス・ドイツに併合され、「ドイツ第三帝国」の一部となってしまったからだ。反ユダヤ主義の旗を掲げるナチスは、このホテルを接収。事もあろうに、ウィーンを管轄するゲシュタポ(ナチス秘密国家警察)の本部を置いた。ホテルは一転、「ナチス支配の象徴」となり、ユダヤ人らが厳しい取り調べを受ける場になってしまった。

一九三九年に始まった第二次世界大戦で形勢を逆転し、ドイツを追い詰めていった連合国側にとって、ゲシュタポ本部がうってつけの「報復対象」となったのは、ごく自然の成り行きだった。空襲で狙い撃ちされたのは、ドイツ敗北が間近に迫った四五年一月。ホテルはがれきの山となり、終戦から三年後の四八年には残った建物の一部も完全に取り払われた。

実際に住んでみて、日本のマンションと住み心地がほとんど変わらない今の建物が、跡地に完成したのは六〇年代になってから。だから、戦火を逃れた周辺のように、ハプスブルク帝国の伝統を残した「アルトバウ」ではなかったのだ。

アパートの名前は、「レオポルト・フィグルの中庭」。戦後間もない四五年から五三年まで、アメリカ、イギリス、フランス、ソ連の四か国占領下で、オーストリア首相を務めた政治家レオポルト・フィグル(一九〇二―六五)の名前を冠している。ナチスに支配されたいまわしい過去と、戦後復興に尽くした元首相の名前を対比させる意図があったに違いない。

「ナチスの帝国と同じく、ゲシュタポの建物はがれきとなったのだ」

すぐ近くには、石造りの碑が残されていて、こう刻まれていた。

ノルベルト・ロッパーさんはウィーン出身のユダヤ人である。ナチスによる蛮行の象徴とも言える、ユダヤ人大量虐殺（ホロコースト）の生き残りだった。そして、欧州サッカー界の発展に捧げた人生から「ミスター・オーストリア」との異名を持っていた。

「ミスター・オーストリア」

「ミスター・オーストリア」は、ウィーン市内のアパートの一室で、車いすに腰掛け、柔らかな笑みを浮かべていた。

「よく来てくれましたね。おもてなしのケーキが用意できなかった。何ともすまない限りだ」

赤いパジャマ姿の穏やかな表情から、逆境につぐ逆境を乗り越えた不屈の人生をうかがい知るのは難しい。

私が取材した時、ノルベルト・ロッパーさんはすでに九五歳だった。ウィーン生まれのユダヤ人で、ナチス・ドイツが第二次世界大戦下で行ったホロコーストの「生き証人」だ。ポーランド南部のアウシュビッツ強制収容所などで、三年近くを生き抜いた。ホロコーストで殺害されたユダヤ人は約六〇〇万人とさえ言われる。ロッパーさんは父親や最初の妻、妹を強制収容所で失った。

迫害されるまではウィーンのプロサッカーチームに選手として所属。だが、アウシュビッツで、ナチス親衛隊（SS）の隊員に殴られた後遺症のため復帰する道は閉ざされた。

戦後はウィーンに本拠を置く名門プロサッカーチーム「FKオーストリア・ウィーン」で、いわゆるゼネラルマネジャー（GM）として二七年間にわたって、第一線に立った。巧みなチーム運営で、国内リーグ優勝一〇回など華やかな成績を残した。ロッパーさんのくじけることを知らない精神をたたえ、人々は彼を「ミスター・オーストリア」と呼んでいた。

ロッパーさんのアパートを訪れたのは、ウィーンの街に、肌寒い師走の風が吹き抜けていた二〇一四年一二月一日のことだ。この年は、第一次世界大戦が始まって一〇〇年の節目。そして、ナチスの蛮行の象徴、アウシュビッツ強制収容所は二〇一五年一月二七日に解放七〇年を迎えようとしていた。

たまたま、ロッパーさんの波瀾万丈の生涯を職場のアシスタントから聞かされ、無性に引きつけられた。くしくも、ナチス総統としてこの世に「死と恐怖」をもたらしたアドルフ・ヒトラーが、画家として芽が出ない鬱屈した青年時代を過ごし、ユダヤ人憎しの思いを増幅させたのも、ここウィーンだった。偶然とは思えない。

車いすのロッパーさんの足元を見ると新しい革靴をはいていた。まだ立とうとしている。きっと、そういう人なのだ。

「必ず生き延びるという意志さえあれば、人は何だってできるものです」

世界に憎悪の連鎖が続く時代だからこそ、気高くあろうとした彼の一世紀近い人生は、未来への「道しるべ」になるのではないか。導かれるように、私はポーランド南部オシフィエンチムにあるアウシュビッツ強制収容所跡を訪れることにしたのだった。

「殺人工場」アウシュビッツ

ウィーンから飛行機に乗って、「ポーランドの京都」と言われる南部の古都クラクフへ。さらに乗り継いだバスに約一時間揺られると、オシフィエンチムにあるアウシュビッツ強制収容所跡にたどりつく。クリスマス近くでヨーロッパの街は浮かれた雰囲気に包まれているというのに、そこは荒涼とした空気が支配していた。

生き延びた人はわずか二・七％――。

展示室で、私は一枚の解説板を前に立ち尽くした。ウィーンのノルベルト・ロッパーさんから聞いた話が鮮やかによみがえってきた。

「三〇年前にあの地を再訪したことがあるのです。私がアウシュビッツの生き残りだと知ると、たくさんの若者が集まり質問してきました。みんなの関心は「どうして生き延びることができたか」。私はありのままに答えた。本当に、本当に運が良かったのだ、と」

解説板は七〇年以上前の一九四二年八月二七日、ベルギーからアウシュビッツまで同じ貨車で到着したロッパーさんら九九五人のユダヤ人の運命を記していた。ＳＳの医師の選別で、高齢者や障害者、子どもら七八〇人はすぐさまガス室で殺された。約八割だ。残る二一五人は収容所に送られ、生き延びたのは、ロッパーさんら二七人だけだった。

ナチス・ドイツによるユダヤ人大量虐殺の象徴が、このアウシュビッツ強制収容所だ。約二キロ離れた第二アウシュビッツと呼ばれたビルケナウ収容所なども含めると、約一三〇万人がここに連行された。約一一〇万人が殺害され、うち約一〇〇万人がユダヤ人と見られている。

ロッパーさんは、第一次世界大戦が終結し、ハプスブルク帝国が崩壊した翌年の一九一九年にウィーンの行商人の家庭に生まれた。父親のレオさんは、今はポーランド領になっているガリツィア地方からウィーンへ流入してきた「東方ユダヤ人」の移民である。

くしくも、その後数え切れないほどのユダヤ人を死へと追いやることになる一八八九年生まれのナチス・ドイツ総統ヒトラーもまた一九〇八～一三年まで、日本でいうと大学生か大学院生にあたる若き多感な日々をウィーンで過ごしていた。ヒトラーとロッパーさんの父親レオさんは、ウィーンの街のいずこかで、もちろん互いを知ることなく、すれ違ったことがあったかもしれない。

ロッパーさんの取材につながった、そもそものきっかけは、本人に会う五か月前にさかのぼる。二〇一四年は、セルビア人青年が一九一四年、オーストリア皇太子夫妻を射殺した「サラエボ事件」をきっかけに、ハプスブルク帝国がセルビアに宣戦布告し、第一次世界大戦が始まってから一〇〇年の節目。これに合わせた特別展を開いていたウィーン中心部のユダヤ博物館を訪れたのだ。

それぞれの民族が、自分たちの意志によって、政治的運命を決める「民族自決」の流れが加速していた一〇〇年前。ところが、帝国内に住むユダヤ人は、時代に逆行するかのように、一市民として多民族国家の帝国に溶け込むことを望んで、むしろ積極的にハプスブルク帝国の志願兵として、戦場に赴いていた。日本からウィーンに赴任して間もないこちらには、通り一遍の世界史の知識だけではとても理解できない、不思議な行動だった。

「私は、すべての兵士が忠実であって欲しい」

会場に入ると、当時のハプスブルク帝国皇帝だったフランツ・ヨーゼフ一世（一八三〇－一九一六）の言葉が真っ先に目に飛び込んできた。

ユダヤ人は、長きにわたり、差別と迫害の歴史を歩んできた。しかし、この皇帝は、反ユダヤ主義を掲げたウィーン市長の就任を拒否するなど、公平な態度を貫いた。ユダヤ人が進んで帝国軍に身を投じたのは、自分たちを守ってくれた皇帝への強い忠誠心からだった。

会場では、兵士たちが家族に宛てた手紙のほか、最前線でユダヤ教の祈りを捧げる兵士の姿を撮影したものもあった。

第一次世界大戦に敗れたハプスブルク帝国は一九一八年に解体され、ユダヤ人はよりどころを失った。その後、皮肉にもウィーンでユダヤ人憎しの思いをたぎらせながら青年期を過ごしたヒトラー率いるナチス・ドイツが台頭し、共和国となっていたオーストリアは三八年にドイツに併合されてしまう。大戦を生き延びた兵士の多くがとらえられ、ホロコーストの犠牲となった。

「勇敢な第一次世界大戦の戦歴も、すべてを破壊したナチスの前では幻のようなものでした。国家の象徴だった皇帝に尽くした人々の行動とその後の悲劇は、平和の尊さを映し出しています」

企画を手がけたマルカス・パトカ学芸員(四八)は、静かな口調で企画の意図を説明してくれた。

その時は知るよしもなかったのだが、ロッパーさんの父親、レオさんは、まさに「ハプスブルク帝国の兵士」として、第一次世界大戦に従軍し、右手の指を失う大けがをしてウィーンに再び戻ってきたユダヤ人兵士の生き残りだった。そして、パトカ学芸員が指摘したように、自らの出身地方でもあるアウシュビッツに強制連行され、五二歳だった一九四二年に殺される運命をたどったのだった。

その息子、ロッパーさんは、基幹学校(当時の義務教育)卒業後の一四歳でプロサッカー選手を志した。しかし、ウィーンのサッカークラブ「ハコア」の控えミッドフィールダーを務めていた三八年、ウィーンにも吹き荒れた「反ユダヤ主義」の嵐のため、運命は暗転する。

そこからロッパーさんの「漂流生活」が始まった。

一九歳のロッパーさんは迫害から逃れるため、ベルギーのブリュッセルへと避難した。プロサッカー選手となる夢を断ち切れず、地元のチームに入ったが、平穏な時代はすぐに終わった。ユダヤ人狩りで捕まってしまい、四二年八月二七日、最初の妻レベッカ・シージさんと共に家畜用の貨車でアウシュビッツに送り込まれた。

シージさんとは貨車の停留所で引き離され、二度と会うことはかなわなかった。シージさんは、いったんは収容所入りを許されたものの、約二か月後の一〇月二二日にガス室に送られて殺された。二一歳だった。ロッパーさんが、その詳細を知ったのは戦後三〇年近くたってからだ。

二人が最後に別れた当時の停留所は、アウシュビッツとビルケナウの中間地点に位置している。私が訪れた時には落葉した木々に、薄暗い冬の空が広がり、人の気配もなかった。ロッパーさんたちだけでなく、数え切れないほどのユダヤ人が生き別れとなったその場所には、一台の貨車がぽつんと線路上に残されていた。

アウシュビッツでの生活は常に死と隣り合わせだった。人々が収容所内で口にしていた食事は象徴的だ。朝食は約五〇〇ミリリットルの「コーヒー」だけ。私たちが日ごろ慣れ親しんでいるコーヒーとはまったく違う代物で、草を煎じた名ばかりの飲み物だ。昼は野菜しか入っていないスープ。一番のごちそうだった夜でさえ、三〇〇グラムのパンと「コーヒー」しか与えられなかった。男女問わず、一日に摂取が必要なカロリー量からは、どう考えてもほど遠い。

真冬、氷点下二〇度近くに冷え込むこともあったが、服装は薄っぺらい縦じまの囚人服に、木靴やサンダルで過ごさせられた。三段ベッドの一段に一〇人もひしめいて寝る劣悪な衛生環境だった。いつ果てるともない土木作業という強制労働の日々。ロッパーさんはみるみるうちに衰弱していった。

「入所した直後は、高圧電流が流れる鉄条網に突っ込んで自殺したい衝動に毎日駆られてい

上：強制収容所に残された3段ベッド．1段に10人が押し込められることがあった
下：アウシュビッツ強制収容所に連行されたロッパーさんが，最初の妻レベッカ・シージさんと引き離された停留所跡．当時，輸送に使われた貨車が置かれていた（いずれもポーランド南部のビルケナウ強制収容所跡で，2014年12月14日）

た」

ロッパーさんの回想だ。

二か月後、ロッパーさんは、生きるすべを求めて、必死の行動に打って出る。背中を向けて話していたカポ（囚人頭）のウィーンなまりのドイツ語に気づき、わらにもすがる思いで「助けてください」と懇願した。幸いなことに同郷のよしみで、ナチスがユダヤ人らから略奪した財産を仕分ける労働班「カナダコマンド」に潜り込むことができた。

収容所に送られてきたユダヤ人は、「別の場所に移動するだけ」とだまされていたため、大量の貴金属などをトランクに詰めていた。没収した財物をSSの指示で仕分けするのが「カナダコマンド」の仕事で、仲間内からは「体力的な負担の少ない恵まれた仕事」と見られていたのだ。

一九四四年八月、ロッパーさんは「ポテトコマンド」に配置換えとなった。貨車で運ばれてくるジャガイモなどの野菜を貯蔵庫へ運ぶ仕事だ。ポテトコマンドのカポがブリュッセル時代の友人で、そのつてを頼ることができた。

「カナダコマンドの一員だったから、生きながらえることができた。私は本当にラッキーだった」

ロッパーさんの声は、どこか痛みを伴うように響いた。

強制収容所の跡地を共に歩いた国立アウシュビッツ博物館広報担当のパベル・サビツキさん(三四)に、ロッパーさんが言う「恵まれた強制労働」の意味を尋ねた。当時の資料を丹念に調べてくれたサビツキさんは、冷静にこう解き明かした。

「カナダコマンドでは品物を持ち帰れば、なにがしかの賄賂に使うことができるし、ポテトコマンドは、食料を口にできる可能性が高まる。もちろん見つかれば大変な危険を伴っていました。そして、ロッパーさんが当時まだ二〇代と若く、サッカー選手で優れた身体能力を持っていたことも生還する奇跡を呼んだと言えるでしょう」

ロッパーさんが、収容所の中で「最も困難だった」と振り返ったのは、母レジーンさんの救出工作だった。ポテトコマンドに移って間もなくロッパーさんは、列車でビルケナウに連れてこられたレジーンさんを偶然目にした。レジーンさんは当時四九歳。働き手にならないと見なされ、すぐさまガス室に送られ、殺されてしまう可能性が高かった。

それを阻止してくれたのは、敵であるはずのSS隊員だった。この隊員はレジーンさんをガス室送りから救い、収容所に入れてくれた。詳しいいきさつを聞くことはできなかったが、すべてのSS隊員が「悪の権化」ではなかったということだろう。

レジーンさんはアウシュビッツを生き延び、六四年に亡くなった。母の死から約二年後、ロッパーさんは新聞を広げていて、そのリカルド・ベック元ＳＳ兵長の名前を見かけた。ドイツで行われたナチス戦犯裁判に、証人として出廷したという記事だった。この記事をたよりにロッパーさんはベック元兵長を探し出し、再会を果たした。

「リカルドに感謝していた母からは、ずっと探し出してほしいと頼まれていた。でも、私はリカルドという下の名前しか知らなかった。結局、病気で亡くなった母親は、リカルドにお礼を言うことができなかった。仕方がないこともあります」

ロッパーさんは静かに振り返った。

けれども、ナチスの本質は残虐で、邪悪だ。すべてがうまくいくわけがない。実際、ロッパーさんはホッカーという名前のＳＳ隊員に激しく殴打され、半殺しの目にあっている。同僚のユダヤ人たちは、大量出血したロッパーさんを担架に乗せ、「軽傷患者」の診療所へ運んだ。もし労働ができないとみなされれば、ガス室に送られてしまうからだ。一命はとりとめたが背中や半月板を痛めたこの時のけがで、サッカー選手としての生命は絶たれた。

見渡す限りの広大な大地が広がるビルケナウ。大量のユダヤ人を乗せた貨物列車専用の引き込み線が残っていた。ナチスの狂気が支配する殺人工場。ここはまさに文字通りの終着駅だった。母親の「選別」の行方に目をこらしたロッパーさんの気持ちはいかばかりだったのか。

死の行進、そして解放

オーストリア北部のマウトハウゼン強制収容所跡は、のどかな畑が広がる丘を上り切った所にあった。ロッパーさんが一九四五年五月五日、アメリカ軍の手で三年近い囚人生活から解放された地だ。それから四半世紀以上を経て、戦後再婚し授かった一人息子のピエールさん(五六)に、自身のホロコーストの体験を初めて打ち明けた場所でもある。

アウシュビッツ強制収容所をソ連軍が解放したのは、三か月以上前の一月二七日。皮肉なことに、救出された人々の中にロッパーさんはいなかった。連合国軍に敗退を重ねていたナチスは、アウシュビッツなどの囚人をドイツ国内の収容所に移して働かせる計画を立てたのだ。解放のわずか九日前、ロッパーさんは北西に約六〇キロ離れたグリビツェまで徒歩での移動を命じられた。六万人のうち、約一万五〇〇〇人が命を落としたとされる「死の行進」となった。

「最悪の経験はたくさんしたけれど、これだけは忘れられない。真冬の冷たい雨や雪がひどく降りしきる中、粗末な靴とぼろぼろの服で歩いてね。三、四時間たった頃でしょうか。疲れたＳＳ隊員たちは、自分たちの武器を私たちに押しつけて運ばせた。それはもう言葉にならない、すさまじい重労働でした。途中で連合国軍の爆撃も受けて、地面に伏せた瞬間、銃弾が頭の先をかすめていった。今でもどうして生き残ることができたか信じられない」

ロッパーさんの声のトーンは少し上がった。

その後、数か所の収容所を転々とさせられたロッパーさんは四月末、マウトハウゼンへ送られた。解放時は骨と皮にやせ細り、麺類など、限られた食べ物しか受けつけない体となっていた。

ウィーン市内で保険業を営むピエールさんは、一四歳の高校生の頃、父親から初めてホロコーストの体験を聞いた時のことを鮮明に覚えていた。

「アウシュビッツで殺された最初の奥さんの話も聞きました。でも、誰も非難せず、むしろ助けてくれた人たちの話が多かった。父は最悪だった時代の思い出から、前向きな部分を選んで語るようにしていました」

ロッパーさんに会いに行く前、アドバイスをもらいに再訪したウィーンのユダヤ博物館のパトカ学芸員の言葉を思い出さずにはいられなかった。

「生き延びても、自分だけが生き残ってしまったという自責の念から命を絶つ人がたくさんいました。家族に隠していた人も多い。せめて自分の子どもたちには、普通の暮らしを送ってほしいとの願いからです。それほど厳しい体験だったのです。だから、あなたの気持ちはわかるのだけど、もし、ロッパーさんに会えたとしても、無理は禁物。踏み込み過ぎないで、耳を傾けてください」

マウトハウゼン強制収容所跡の丘からは、雪をまとったアルプス山脈が遠くに見える。わが子に収容所での過酷な日々を語るまでに要した歳月は、やはり、ロッパーさんの苦しみの深さなのではないだろうか。

サッカーを生きる支えに

戦後、ブリュッセルにとどまったロッパーさんがウィーンに戻ったのは八年後の一九五三年。ロッパーさんは欧州各地を一五年も漂い、ついに生まれた地へと戻ったのだ。

ロッパーさんが決意したのは、「選手として挫折したプロサッカーを裏から支える」ということだった。翌年には、資産家などを会員にＦＫオーストリアを資金面で支える「サポーターズクラブ」を発足させた。五六年からはチームの運営を取り仕切った。

FK オーストリアの試合を見つめるロッパーさん（中央右）と，7 歳のピエールさん（左隣り）（1965 年，ピエールさん提供）

オーストリアは、五五年に米英仏ソの分割占領から主権を回復したばかりで、戦前には二回、中欧王者に輝いたＦＫオーストリアといえど、資金繰りに四苦八苦していた。ロッパーさんは、必死にかき集めた現金を手に、車で急いで事務所に駆けつけ、首を長くして待っていた選手たちに給料を手渡したこともあった。ピエールさんは、そうした父の様子を見ていた。

ロッパーさん本人のインタビューに先立ち、ピエールさんは一枚のセピア色の写真を見せてくれた。六五年に撮影されたもので、鈴なりの観客と共に、ＦＫオーストリアの試合を食い入るように見つめる四六歳のロッパーさんと七歳のあどけないピエールさんがいる。

「父は、朝も夜もなく仕事に没頭していました。

一人ですべての事務を片付け、いつも新しい選手を探していました。今なら二〇人でやる仕事です。何より大好きなサッカーがもたらす忙しさは、つらい体験をした父の救いになっていたのかもしれません」

オーストリアの復興に足並みをそろえるように、オーストリアの名を冠したチームは、七八年に欧州サッカー連盟(UEFA)の大会で準優勝するまで躍進した。

ロッパーさんの健康状態を踏まえ、長時間のインタビューは望むことができなかった。時間があっという間に過ぎてしまう中、どうしても聞きたかったのは、生涯を通じてロッパーさんの心をサッカーがとらえて離さなかった理由だ。

本人が懐かしげに語ったのは、ナチス・ドイツが支配する前のウィーンで過ごした幼い日々だった。

「両親は私がまだ小さい頃に離婚してしまった。母親に引き取られたのだけど、ずっと働きに出てしまっている。だから、身の回りのことは何でも自分でする鍵っ子だった。近所の人にもずいぶんお世話になったよ。周りを見渡せば、友だちはサッカーでしか遊んでいない。私はサッカーと共に育ったんだ」

ロッパーさんの生涯に、もっとも肉薄したオーストリア屈指のスポーツジャーナリスト、ヨハン・スコチェックさん(六〇)に、ウィーンのカフェで会うことができた。ロッパーさん一家と二〇年近く交流を深め、二〇一四年六月には、三〇時間以上にわたるインタビューをもとに、ロッパーさんの評伝を出版していた。

「オーストリアのユダヤ人社会、欧州サッカー界、そしてウィーン。ロッパーさんは、この三つの歴史の息づかいを今に伝えることができる生き字引です」

スコチェックさんは、ロッパーさんのことをこう評した。

「本当に苦しかった時代の痛みや憎しみから自らを解き放つことに成功した人だ。これがFKオーストリアでの仕事の成功につながったのは間違いない」

サッカーに没入することで、過酷な収容所体験を乗り越えることができたということなのか。ロッパーさんは三人目の妻と自宅で暮らしながら、体力回復を目指していた。

「確かに私は、本当に、本当に最悪なことをたくさん体験してしまった。でも、本当に運が良くて、多くの友だちに助けてもらったから、今こうして生き延びることができているんだ」

こちらがアウシュビッツの厳しい体験を尋ねても、ナチス・ドイツの残虐な行為への批判より、生き延びるために手を差し伸べてくれた人々への感謝が口をついた。

私がインタビューをしている間、ピエールさんは父親の肩を抱き、さりげなく水を差し出し、

「私はサッカーと共に育ったんだ」．車いすのロッパーさんは「FK オーストリア・ウィーン」時代の写真を手に，ピエールさん(左)とうなずきあった(ウィーンで，2015 年 12 月 1 日)

高齢の父を気遣った。やはり、心配なのだろう。

「内なる良心と強さを持つ父が、今も家族の一員でいることに感謝しています。あと何年かだけでも、今の幸せな時間が続けばいいのですが」

ピエールさんは、こう語っていた。もしかすると、「一目だけでもミスター・オーストリアに会わせてほしい」と頼み込んだこちらの取材に応じたのも、体が弱ってきた父を何とか元気づけたかったからかもしれない。本当はもっと尋ねたいことが山のようにあるのだが、そろそろ辞去する時間が迫っている。

最後に胸にしまっていた質問を切り出した。ロッパーさんの体験は、未来にどう役立てれば良いのか――。

「若い人には、分け隔てなく人と接してほしい。一番大切なのは、陽気で間口の広い交流だ。敵意はなく、友情のみが生まれる。今の若い人たちならきっと大丈夫ですよ」

温かい笑顔で、即答が返ってきた。

お礼を述べて席を立った直後だ。ロッパーさんの全身が震え始めた。顔を真っ赤に染めて、車いすに手をかけ、踏ん張っている。一〇秒間ほど続いただろうか。再び車いすに身をゆだねると息を整え、震える右手を差し出してきた。

「玄関まで見送ることができなくてすまない。私はもう立ち上がることができないんだ。ありがとう」

今もあの時の、ロッパーさんの手のぬくもりを忘れることができない。人は感謝を忘れず、与えられた命の限り、あらゆる力を尽くして生き抜かねばならない――。その大切さを全身で示してくれたロッパーさんは、まぎれもなく「ミスター・オーストリア」だった。

「ミスター・オーストリア」の遺産

ロッパーさんは、インタビューから五か月後の二〇一五年四月一八日、老衰のため亡くなった。一九四五年五月五日、オーストリアのマウトハウゼン強制収容所で解放されてから七〇年を迎えるほんの少し前のことだった。

葬儀が行われた四月二〇日、ベートーベンやシューベルトも眠るウィーンの中央墓地の一角に位置するユダヤ人墓地では、若葉の芽吹きを感じる中、家族や元同僚、FKオーストリアのファンらが静かに墓地へと運ばれるひつぎを見守っていた。葬儀の間、ひつぎには、ロッパーさんがこよなく愛したFKオーストリアの紫を基調にしたユニフォームが手向けられていた。

友人として、心のこもったあいさつをしたのは、評伝を記したヨハン・スコチェックさんである。

「ロッパーさんは決して宗教的な人ではありませんでした。約一世紀にわたる人生にはさまざまな道のりがあった。でも、ロッパーさんはサッカーで、本当に多くの人を魅了してくれたのです」

戦後七〇年の二〇一五年。アフガン出身のアリさんをはじめとする、大量の難民たちが殺到した先は、ほかならぬドイツだった。

ナチス・ドイツの手でアウシュビッツに送られたユダヤ人のロッパーさんと、ドイツで難民申請したハザラ人のアリさんは、住み慣れた地を追われた点を共有している。

しかし、アウシュビッツへと送られたロッパーさんの前には絶望しかなかった。アリさんにも、もちろん不安はあったが、生きる希望を見いだすため、家族と共にドイツに向けてひたすら前進できた。この点において、二人の置かれた立場は決定的に違っている。

ドイツは憲法にあたる基本法で、「政治的に迫害されている者は庇護権を享受する」と定めている。第二次世界大戦で、ロッパーさんの家族をはじめとするユダヤ人らを大量虐殺してしまった過ちへの贖罪に他ならない。数え切れないユダヤ人の犠牲の上にこそ、アリさんが、ドイツでの新生活を心の支えにできている今があるのだ。

ユダヤ人を元々住んでいた場所から追い立てて、アウシュビッツをはじめとする各地の強制収容所で死に追いやったのもドイツ。過ちを反面教師とするように、中東などから押し寄せた人々に広く門戸を開いて、手を差し伸べたのもドイツである。

九〇歳を超えていたロッパーさんへの取材を終えた時、頭をかすめたのは、「ぎりぎり間に合った」との思いだった。戦後七〇年を経て、悲惨な戦争体験を、生き証人として今に伝えてきたロッパーさんのような人が、どんどん少なくなることは、歴史の反省に立つドイツから重しが外れていくということでもある。

ドイツを目指す人々の流入は、まだ続いている。アリさん一家の希望はどこへ向かうのか。そして、ドイツはどう動くのか。アリさん一家のドイツでの暮らしに一定のリズムが出てきた頃、会いに行った方が良さそうだ。

❖振り子のようなドイツ世論

欧州連合(EU)の屋台骨であり、中東などから欧州に押し寄せた多くの難民や移民らの目的地となったドイツ。しかし、国内世論は、二つの衝撃的な事件によって大きく振れた。

難民を受け入れるべしとの声をかきたてたのは、二〇一五年九月二日、シリア難民の乗ったボートが地中海で転覆し、アラン・クルディちゃん(当時三歳)の遺体がトルコの海岸に漂着した事件だ。波打ち際でアランちゃんの遺体を抱きかかえる警察官の写真は、大きな衝撃を与えた。

当時、欧州を目指す人々はハンガリー政府の方針で、同国内に足止めを食っていた。EUの「ダブリン規約」では、人々が最初に入った国で難民申請を受ける。つまり、本来ならばイタリアやギリシャ、ハンガリーなどがやるべき業務で、ドイツは関係ない。

にもかかわらず、勢いづく受け入れ論に応えるかのようにドイツのメルケル首相(六二)は事件の三日後、「シリア難民らを無条件で受け入れる」と表明した。この一言が、大量の人々がドイツを目指す決定打となった。南部ミュンヘン駅で多くの市民ボランティアが難民らを拍手で出迎えた映像は、繰り返しテレビで流された

逆に難民を受け入れるべきでないとの声を一気に高めたのが、同年大みそかに起きた女性暴行事件だ。ドイツ西部のケルン中央駅で、駅の近くにいた女性たちが襲われ、容疑者の大半は難民申請者だった。出口の見えない人波への対応に、戸惑いが広がっていただけに、市民感情は一気に悪化。一六年に入っても難民や移民によるテロや犯罪が相次ぎ、わずか一年前に歴史的とも言える判断を下したメルケル首相への風当たりは強まるばかりだ。

元々ドイツが難民申請者に寛大な対応をとるのは、第二次世界大戦中のナチス・ドイツによるユダヤ人大量虐殺という歴史的な反省を踏まえ、憲法にあたる基本法一六条に「政治的に迫害されている者は庇護権を享受する」と定められているから。難民申請者には、初日から無料で宿泊や食事、医療のサービスが支給される。無料でドイツ語を学ぶことができ、一定の小遣いも渡される。

ドイツも日本と同じく、第二次世界大戦の敗戦国から、高度経済成長を遂げたが、一九五〇〜七〇年代にかけて、「ガスト・アルバイター」と呼ばれた外国人労働者をトルコやイタリアから呼び、労働力不足を補った。ドイツ連邦統計局によると、二〇一四年はドイツ全人口の五人に一人にあたる一六三八万六〇〇〇人が「移民の背景を持つ住民」(外国人やその子孫)だ。

人道主義を掲げるＥＵの理念や過去の過ちへの反省、経済発展の経緯も踏まえれば、国を逃げ出し

てきた人たちを助けるべきだろう。でも、自分たちがこつこつ積み上げてきた生活や家族の安全まで脅かされるのは、ごめんこうむる――。揺れ動いた世論は、そんなドイツ人の紙一重の心情も映し出した。

第六章　再会

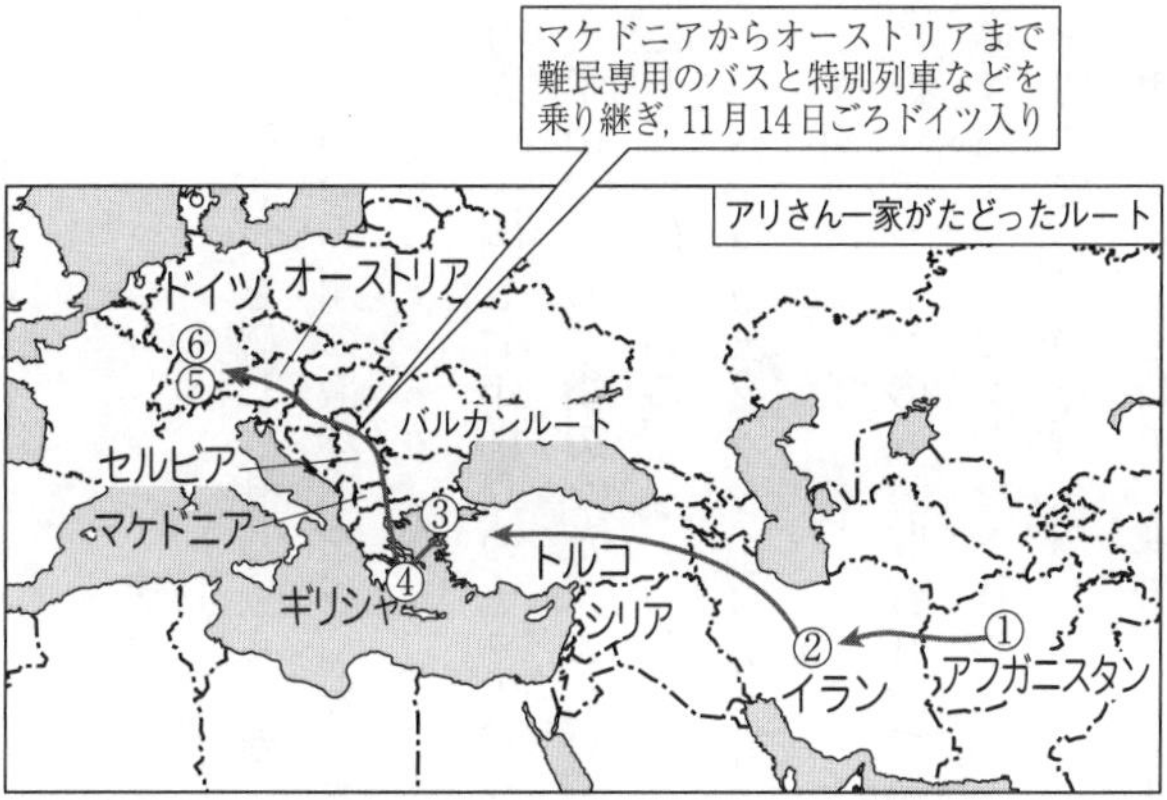

①バーミヤン：2010年，故郷を後に．イランで難民生活
②ナタンツ：2015年10月，出発
③レスボス島：2015年11月2日に筆者と出会う
④アテネ：2015年11月10日，バスでマケドニア国境へ
⑤メスシュテッテン：2015年11月中旬
⑥チュービンゲン：2015年12月中旬

チュービンゲンでの新生活

パステルカラーに彩られた家々の壁が、春の訪れを感じさせるうららかな陽光に映えている。鳥のさえずりを聞きながら、木立に囲まれた川の中州の散歩道を歩くと、まるで中世のヨーロッパの街にやってきたような気持ちになってくる。

ドイツ南部チュービンゲンは人口約九万人。一四七七年創立のチュービンゲン大学があり、人口の四割が、学生や教員で占められる大学街である。街のたたずまいは、日本で「小京都」と言われて観光客を引きつける地方都市にどこか似ている。

ドイツ南部メスシュテッテンにたどりついたアフガニスタン出身のアリ・バグリさん(三〇)一家と四か月ぶりに再会したのは、二〇一六年三月だった。

ドイツへ難民申請し、三週間ほどをメスシュテッテンの一時収容施設で過ごした一家は、一五年一二月半ばに車で一時間ほど北に位置するチュービンゲンへ移っていた。それからずっと、難民審査の面接の順番がめぐってくるのを待っているのだ。

アリさん一家とは、こちらがウィーンに戻ってからも時折、携帯電話で連絡を取り合うことができた。もう電話が不通になることはなく、アリさんが入手した新しいメールアドレスでのやりとりも続いた。

「自分たちの部屋を提供してもらえました。家族三人全員、元気です。お会いできるのを楽しみにしています」

電話やメールを通じて、アリさんから伝わる断片情報は、ドイツでの生活がある程度、軌道に乗ってきたことをうかがわせた。

チュービンゲンに身を寄せる難民申請者は約一二〇〇人。シリア人、イラク人、アフガン人で全体の九割を占めている。

アリさんや私がたどったドイツへの道のりでは、難民らは、体育館やショッピングセンターのような大きな建物内で共同生活していることが多かった。しかし、事前にアリさんから届いた住所をたよりに、街の中心部からタクシーに乗り一〇分ほどで着いた場所は、意外なことに閑静な住宅街だった。地元住民も歩いている。

アリさん一家が住んでいるという番地がある場所には、古い二階建ての住宅が建っていた。

これまで一時収容施設への立ち入りは、当局への事前申請がなければ、まず門前払いだった。今回も近くに警備員がいて、追い払われるかもしれない。外に出てきてもらった方が良いかもしれない。

おそるおそる周囲の様子をうかがっていた私を見つけて、まずはアリさん、そして、妻のタヘリー・カゼミさん(二八)、少し遅れて、一人娘のフェレシュテちゃん(四)が次々と入り口のドアから飛び出し、笑顔で歩み寄ってきた。

「まさか、本当に来てくれるとは思わなかった。さあ、さあ、とにかくどうぞどうぞ」

アリさんは、仮住まいとなっているアパートの玄関を自ら開けて、笑顔で部屋に招き入れてくれた。アパートの中にも外にも警備員はおらず、出入りも自由なようだ。

「自宅」は一〇畳ほどの一室だった。夫婦用とフェレシュテちゃん用のベッドがそれぞれ一つ、さらにテーブルや冷蔵庫が、所狭しと置かれている。一階には三部屋あり、シリア人と別のアフガン人の計三家族と「ルームシェア」する形で使っている。トイレやシャワー、地下室にある洗濯機は共用だ。ドイツ政府は、こうした古い住宅も活用し、難民審査を待つ人々にあてがっているらしい。

「何よりありがたいのは、ある程度のプライバシーが保証されていることです。メスシュテッテンは大部屋で、他の家族と簡易ベッドを並べて寝ていました。周囲に気を遣う必要があるから、毎日、気が気でありませんでした。正直、あまり思い出したくないです」

リラックスした表情で語るのは、タヘリーさんだ。

フェレシュテちゃんのためだろう。部屋の壁には、金髪の女の子をあしらった紙細工が飾られていた。一週間の予定を書いた紙が壁に貼られ、ドイツ語とペルシャ語が鉛筆で書き込まれていた。家族団欒《だんらん》を感じさせる何気ない風景が、ようやく一つの場所に腰を落ち着けることができた一家の安らぎと、新しい目標を表していた。

難民申請中の身とあっては、やることもなくてさぞかし暇だろうと思いきや、そうでもないようだ。

アリさんとタヘリーさんは週に四回、難民申請者向けのドイツ語教室にバスで通っている。月曜日から木曜日まで、一回二時間半で、授業料は無料だ。

「語学の勉強はなかなか難しいですが、ドイツ社会に役立てる人に少しでも早くなりたい」

殊勝な答えと共に見せてくれたノートには、ドイツ語の単語と、これに対応するペルシャ語訳がびっしりと鉛筆で書き込まれていた。ペルシャ語対応のドイツ語辞典も傍らに置いてあり、日夜、ドイツ語の勉強に励んでいるようだ。

フェレシュテちゃんは、相変わらず快活だ。ギリシャのレスボス島で、ボランティアにもらった象のぬいぐるみは、ベッドに大切そうに置かれていた。二週間前から、バスで五分程の幼

ドイツ南部チュービンゲンの一時収容施設で暮らしている
アリ・バグリさん一家(2016年3月12日)

稚園に、午前八時から午後一時半まで通っているという。こちらも無料だ。

難民申請者だからといって、厳しい外出制限はない。チュービンゲン市内はもちろん、南西部バーデン・ビュルテンベルク州内ならば、州都シュツットガルトでも、どこでも行けるらしい。アリさんは、市内バスを無制限に利用できる二九ユーロ(三七七〇円)の一か月定期券を買っていた。これも難民申請者の証明書を利用し、割引価格で購入したという。

「アジア系の若い留学生がたくさん街を行き交っているので、こちらもなじみやすい雰囲気です。もし、難民として認められたら、ここに住みたいです」

イランを出発してから半年。二〇一〇年にアフガニスタン中部のバーミヤンを逃れてから、約六五〇〇キロ離れたチュービンゲンにたどりつくまでに六年。そして、アリさんは、古き良き欧州の香りを残す街がすっかり気に入り、この地での一家団欒を夢見ているのだった。

ここにきて、雷に打たれるような事実も発覚した。ドイツ当局が発行した書類を見せてもらうと、アリさんは一九八三年、妻のタヘリー・カゼミさんは一九八五年生まれとなっている。こちらが聞いていた年齢より二人とも二歳ずつ上だったのだ。

「年齢の数え方が違うみたいです。こういう初歩的な文化の違いが結構大変かもしれません。間違えていてごめんなさい」

タヘリーさんは申し訳なさそうに頭を下げてきた。

四か月前、ギリシャのレスボス島で、アリさんに出会ってすぐ、年齢を尋ねた時、ずいぶん老成しているという印象を受けたのだが、これはあながち間違っていなかった。

ドイツの変身

軌道に乗り始めたかのように見えるアリさん一家のドイツでの生活。もっとも、この約四か月間で、アリさんをはじめとする難民申請者をめぐる状況は、急転直下と言っても良いほどに厳しくなった。欧州が掲げてきた「人道主義」の理念は、圧倒的な人の波にさらされて、一気に冷めてしまっていた。

とりわけ寛容に受け入れてきたドイツの難民政策は、二〇一五年に流入した難民や移民が約一〇九万人に達し、がけっぷちだ。

タイミングの悪いことに、ドイツ南部ケルンで、一五年大みそかの夜に起きた女性暴行事件が、人々を歓迎すべきだという熱を一気に冷ましていた。難民申請者が容疑者に多く含まれていたため、市民感情が一気に悪化してしまったのだ。

「保護すべき人を保護するのが欧州の伝統だ」

アリさんをはじめとする難民申請者にとって、「頼みの綱」とも言えるメルケル首相(六二)は一五年八月の時点でこう語っていた。こうした前向きな発言が、欧州へと向かう人波に拍車をかけたのだが、メルケル首相も特にケルンの事件以降、世論を忖度《そんたく》するように、発言も慎重になっていた。

アリさんらアフガン出身者への風当たりは特に厳しい。

「アフガンを離れるつもり？　本当に大丈夫？」

ドイツ政府は一五年末から、首都カブールの街角に看板を立てるなど、アフガン人のさらなる渡航を食い止めるための「啓発キャンペーン」を始めた。

難民・移民問題を担当するドイツのトーマス・デメジエール内相(六二)は一六年二月にアフガンを訪問して、アシュラフ・ガーニ大統領(六七)らと会談し、「難民申請を拒否されたアフガン人の送還で合意した」と表明した。国外退去を命じられて、自発的にアフガンに帰る意思を示した一二五人に、一時金を渡して空路カブールへ送還するなどの具体策も動き出していた。

恵まれ過ぎた支援?

アリさん一家は、日々の暮らしの費用をどう用立てているのだろうか。

こちらは、チョコレートやキャンディーの差し入れを手に訪問したのだが、部屋の机の上には、すでに菓子パンなどが山のように積み上げられていた。アリさんはペットボトル入りのコカコーラをグラスに注いで、私にも勧め、ごくりとのどを鳴らしながら、実にうまそうに飲んでいる。旅の間は、ずっとすっぴんだった夕ヘリーさんは眉を描いている。

アリさんは、ドイツへと向かう旅路で通ったギリシャで、全財産が一〇〇ユーロ(一万三〇〇〇円)まで追い込まれた。アリさんだけでなく他のアフガン難民も旅費が、ほほ底を突いて、すかんぴんだった。当時からはまず考えられない余裕が垣間見えたので、失礼を承知で、家計のやりくりを尋ねてみたのだ。

「アパートの家賃や電気代も、すべてドイツ政府が負担してくれています。大人一人三〇〇ユーロ(三万九〇〇〇円)、子どもは二〇〇ユーロ(二万六〇〇〇円)、家族で合計すると、月に八〇〇ユーロ(一〇万四〇〇〇円)を支給されています。これで食費や交通費などをまかないます。本当にありがたいと思っています」

口には出さなかったが正直なところ、「そんなにもらっているのか」と、心の中でつぶやいてしまった。これまでの交流を踏まえればアリさんを疑う気持ちはみじんも持たないが、手厚い支援に関する情報をソーシャルメディアの口コミで知り、ドイツを目指す人は必ずいるだろう。意地の悪い見方をしてしまうと、「第二次世界大戦後、欧州で最悪の人道危機」は、「アフガン人の一攫千金《いっかくせんきん》物語」へと色あせかねない。

明日こそは、昨日よりも、今日よりも良い暮らしをしたいという気持ちは、誰しもが当たり前に持つものだ。それでも、一家の生活費をしばらく負担するのはドイツ人だと思うと、どうも割り切れない。

そんな気持ちにとらわれたのは、欧州で生まれ育った若者が、職探しに苦労している実態を、ドイツの隣国オーストリアの首都ウィーンに住み、身近な所で目の当たりにしたからだろう。

二〇一五年七月、職場のアシスタントをしてくれていた二〇代のドイツ人女性がドイツ外務省への就職が決まり、後任のアシスタントを一名募集した。決して好条件とは言えない週三日のパートタイム。それでもインターネットに無料広告を出すや、たちまち二〇代を中心に七十数人が応募してきた。

人数もさりながら、大学院も卒業した高学歴の若者がかなり含まれていることに、正直、驚いてしまった。実際に会ってみても、やる気十分で、是非一緒に仕事がしたいと思わせる若者ばかりだった。

「音楽の都」などと優雅なイメージが先行するオーストリアのウィーンだが、知り合った若者から、「いまは勉強を頑張っても、恵まれた仕事につくのはとても難しい時代です」と、ため息混じりにアドバイスを求められたことも何度かある。

経済のグローバル化が進む副作用として、格差が拡大し、恩恵にあずかれない自分たちは日々の糧を得るのに苦労している。なのに、突然、中東やアフリカからやってきた人々に、たくさんの税金が使われていく。もし面接に来てくれた若者たちの何人かがアリさん一家が毎月受け取る八〇〇ユーロという額を聞いた時、これはおかしいと怒るのではないかと、とっさに思ったのだ。

私から見ても、難民や移民が通った跡は、いつもゴミだらけで、時に目をおおいたくなったし、列車は我先に乗り込もうとする人々で遅れていた。地元住民が迷惑を被ることもしばしばだった。欧州で逆バネのように台頭する「移民排斥論」や極右政党の躍進を支持する人たちについても、単純に「極悪非道」と切り捨てることができない。

人道主義や「ヒト、モノ、カネの移動の自由」を掲げて、一つの平和なヨーロッパを目指す欧州連合(EU)の統合理念は崇高なものだ。EUが、難民・移民問題だけで崩れ去ることもないだろう。加盟二八か国、五億人以上の域内人口を抱えて、「数の力」を前面に押し出すことこそが、国際社会でしのぎを削るアメリカや中国、日本、ロシアと対抗する最高のカードだからだ。

理念に添って考えると、理想の解決法は、このように導き出される。

アリさんらイスラム教徒の「大移動」は、力では阻止できない。パリ同時多発テロでは、実行犯がシリア難民に紛れ込んでいたが、多文化社会を前提にした寛容な対応こそが最大のテロ防止策だ。だから、もっと欧州は頑張って人々を受け入れて欲しい――。

でも、どんなに頭では理解してみても、現場を回ってきた自分の胸には、すとんと落ちず、いつも考え込んでしまうのだ。祖国を捨てるリスクを冒してやってくる人々の思いは理解するが、風当たりを和らげたいのならば、せめて「受け入れ側も大変だ」との思いは共有すべきではないか――。

ふさがれたバルカンルート

取り巻く環境は厳しさを増すばかりだが、それでも、難民審査までこぎつけたアリさんたちはとてもラッキーだった。なぜなら、アリさんが通った通称「バルカンルート」は三月に入るとほぼ同時に、事実上、ふさがれてしまったからだ。

繰り返しになるが、もう一度、ルートを確認したい。欧州へ向かう難民らは、トルコから海路でギリシャ入りし、その後はバルカン半島を陸路で北上して、ドイツなどを目指してきた。ギリシャからオーストリアまでは、マケドニア、セルビア、クロアチア、スロベニアの四か国を通過してきた。

きっかけとなったのは、隣国ドイツと歩調を合わせるように難民受け入れに積極的な姿勢を見せてきた人口約八七〇万人のオーストリアの対応だ。

オーストリアは二〇一六年二月一九日、難民として受け入れる人数を一五年の九万人から半分以下の三万七五〇〇人に抑える方針を打ち出し、国境管理をさらに強化する方針も示した。様子見していたマケドニア、セルビア、クロアチア、スロベニアの担当閣僚も、見計らったかのようにウィーンに集まり、通過を認める人数を制限する方針で一致した。

これまでは、一刻も早くドイツへ送り出すため、人々を「バケツリレー」のように運んでいた。ただし送り出す前提はあくまでドイツが人々を受け入れること。ドイツがもうこれ以上は受け入れられないと見て取れば、ドミノ倒しのように「門前払い」へと方針を切り替えるのは、ごくごく当然だった。

こうなると、行き場を失った人々がたまってしまうのはギリシャになる。あわてたギリシャ政府は二六日、国内の旅行会社に対し、エーゲ海の島々からフェリーで本土に渡る難民らの人数を制限することを緊急要請した。

とどのつまり、バルカンルート上に位置した国々は、中東から押し寄せた人々とドイツとの対応の間で、右往左往したのだった。

ウルトラCとも言える手段で、すったもんだの騒ぎが急展開したのは三月八日だった。EU

とトルコが、「違法な移民」すべてをトルコに送還することで基本合意し、その見返りとして、シリア難民をEU加盟国がトルコから直接、受け入れることになったのだ。

ざっくり言うと、EUによる難民・移民管理業務のトルコへの外部委託である。

人道主義や「移動の自由」を掲げてきたEUは、どんどん人が流れ込んでいたバルカンルートにふたをして遮断し、難民や移民を全員、隣国シリアからの難民がすでに約二〇〇万人いるトルコへ送り返すという非常手段に打って出たのだった。

バルカンルート上の国々も合意を受けて、難民らの通過を原則として認めない方針をあっさり表明し、バルカンルートは事実上、閉鎖が決まった。

「欧州にとっても、難民にとっても最良の方策だ」

ドイツのメルケル首相は、あくまで「寛容な人道主義」の旗は下ろさずに、この合意にお墨付きを与えた。

「ドイツを目指す私たちに各国は無料のバスや列車を提供してくれたので、一日に一か国を通過するハイペースでした。自分たちは幸運でした。でも、あまりの落差に正直驚いています。一体どういうことなのでしょうか」

関係国の政治的な思惑などまったく知らないアリさんは、素直な感想を口にした。

五割に満たない認定率

こうした中、アリさん一家は二〇一六年三月三〇日に、難民認定の前提となる「政治的迫害の有無」を調べるドイツ政府による面接調査を受けることが決まっていた。難民としてドイツで暮らすことができるかの最重要関門だ。

ペルシャ語通訳が不足していることもあり、シリア出身者らと比べて、アフガン出身のアリさんが面接を受けるチャンスはなかなか巡ってこなかった。

「申請のチャンスをもらえただけで、本当にありがたい。ずっと待ち続けていましたから」

アリさんは、静かに心境を語り始めた。

審査のポイントとなるアリさん一家の状況を、もう一度、振り返りたい。アリさんは二〇一〇年に、政府軍とタリバンの戦いが続くアフガン中部バーミヤンから隣国イランへ逃れた。そこでタヘリーさんと結婚し、フェレシュテちゃんが生まれた。戦乱の続く祖国へ帰れるあてはないが、イランでもアフガン人の生活には制約が多いので、展望は開けない。ドイツ行きを決意した一家はトルコを経由し、ゴムボートでギリシャ・レスボス島へ密航した。その後、バルカン半島の国々を陸路で北上するバルカンルートを通ってドイツ入りした。

「アフガンの治安は悪化している。面接では、私たち少数民族ハザラ人が旧支配勢力タリバンの標的にされる現実も訴えたい。ＩＳにだって狙われている」

アリさんは、ハザラ人の窮状を訴えることで、難民認定に道を開きたいと考えているようだが、アフガン出身者がドイツで難民と認められるのは、かなり狭き門となっている
ドイツ政府の簡易登録システムによると、二〇一五年はアフガン人約一五万人がバルカンルートなどを経てドイツに入国したが、難民認定率は約四八％だった。首都カブールなど比較的安全な地域から逃れて来た人を経済移民と見なしていることが、認定率が低い最大の理由だ。となると、アリさんの出身地バーミヤンの治安状況が鍵をにぎることになる。戦争状態にないイランに五年間暮らしたことで、お金を稼ぐためにやってきた経済移民と見なされる可能性もある。

もし、難民申請がうまくいかなかった場合、一家はどうするのか。

「駄目ならアフガンに帰るしかないのでしょう。でも今は、最悪の結果は考えないようにしています」

淡々と語るアリさんの姿が印象的だった。

二時間ほど滞在しただろうか。またの再会を約束しアパートを出ると、アリさんも市街地へ向かうバスに一緒に乗ってきた。ドイツ語の勉強に向けて、図書館で別の辞書を借りたいらしい。図書館のある停留所は、私が滞在するホテルよりも手前にあった。

「今はとにかく前を向いて頑張るしかない。それしか私たちに残された道はないのですから」

アリさんは、柔らかな笑顔で右手を差し出し、バスを降りていった。

ドイツに託された未来

アリさん一家のもとを約束通り再訪したのは、一週間後の三月二〇日だった。新聞社の定期人事異動で私は、四月から大阪本社で働くことになり、三月末に帰国することが決まっていた。くしくも、別れを告げるために訪れたのは、アリさん一家と旅路を共にし、その背中を追いかけたバルカンルート閉鎖の日となった。EUとトルコが一八日の首脳会議で、二〇日以降にギリシャ入りした「違法な移民」をトルコに強制送還することで正式合意したのだ。

「密航ブローカーのビジネスモデルを壊すため、トルコからEUへの違法な移民の流入を終結させる」

発表された声明にある大義名分はさておき、ＥＵは、バルカンルートを使った難民たちの大移動に対して、明確な「ノー」を突きつけた。

故郷を追われ、インターネットで最適のルートを探し、新しい生活を夢見て押し寄せる怒濤の人波。ついにＥＵは音を上げて、ＥＵの一員ではないトルコに仕事を「外部委託」する形で、人々への門戸を閉じたのだった。

トルコにいる難民の生活向上などへの支援金は、当初の三〇億ユーロ(三九〇〇億円)がすべて使われることになれば、さらに三〇億ユーロまで追加する。ありていに言えば、鍵を握るトルコに協力してもらうために、札束を積み上げたのだ。

この日は、アリさんたちにとっては「ノウルーズ」と呼ばれるアフガン暦のお正月だった。タヘリーさんが腕をふるった、アフガン風の鶏の照り焼きとご飯に舌鼓を打ちながら、自分たちが通ったバルカンルートが閉鎖されたことへの感想を、アリさんに尋ねてみた。

「本当に紙一重でした。でも、ギリシャに残された人は一体どうなるのですか」

あれだけ必死になってバルカン半島を移動したのに、もう関心は薄かった。すでに気持ちは、一家の未来がかかった面接に向いているようだ。

「向かいに住んでいるシリア人家族は同じ時期に、メスシュテッテンにたどりついたのですが、一月には面接を受け難民申請も認められて、三日前にパスポートを手にしました。本当に喜んでいました。うらやましいです。アフガン人よりシリア人が優先されている印象があります」

「なぜアフガンを逃れてきたのか？　なぜイランに五年間も滞在したのか？　どのルートをたどってきたのか？　なぜドイツを難民申請先に選んだのか？　こういった質問をされるのでしょうね。こちらとしては、正直に答えるしかないのですが」

難民申請の最終的な結論が出るのはいつのことだろうか。

「支援してくれるソーシャルワーカーからは、半年後かもしれないし、一年後かもしれないし、あるいは二年かかるかもしれないと言われています。どうなるかはまったくわかりません」

アリさん一家の未来に軽々しく言及することもできない。欧州へと向かう、とどまることを知らない人の波も、これで完全に断ち切られるのか、それともバルカンルートに代わる新ルートが生まれるのか、私には正直わからない。でも、アリさんが祖国アフガンを離れてから六年。長い旅路を終えても、今はまだはじめの一歩を踏み出したに過ぎないというのはわかる。

シュツットガルトからウィーンへと戻る帰りの飛行機の時間もあるので、いよいよお別れだ。

律儀なアリさん一家は、自宅から歩いて数分の距離にあるチュービンゲン中央駅行のバス停まで見送ってくれた。アリさんは、いつもと同じように笑顔で右手を差し出してきた。

「またいつの日か、どこかで必ず会いましょう。遠く離れていても、連絡はいつでも取り合うことができる時代です。お会いできたことをとてもうれしく思っています」

乗り込んだバスが動き始めた。手を振ってくれるアリさん、タヘリーさん、フェレシュテちゃんの姿がどんどん小さくなっていく。バスの窓越しには、アリさん一家三人の願いを物語るかのように、明日も天気になあれと言わんばかりの、雲一つない青空が広がっていた。

主な参考文献

塚本哲也『わが青春のハプスブルク　皇妃エリザベートとその時代』文藝春秋、一九九六年
柴宜弘『ユーゴスラヴィア現代史』岩波書店、一九九六年
羽場久美子編著『ハンガリーを知るための47章　ドナウの宝石』明石書店、二〇〇二年
庄司克宏『欧州連合　統治の論理とゆくえ』岩波書店、二〇〇七年
広瀬佳一、今井顕編著『ウィーン・オーストリアを知るための57章　第2版』明石書店、二〇一一年
野村真理『隣人が敵国人になる日　第一次世界大戦と東中欧の諸民族』人文書院、二〇一三年
在オシフィエンチム国立アウシュヴィッツ-ビルケナウ博物館『アウシュヴィッツ-ビルケナウ　あなたの立っているところ…』中谷剛訳、同博物館、二〇一三年
Johann Skocek, *Mister Austria, Das Leben des Klubsekretärs Norbert Lopper*, Falter Verlag, 2014

あとがき

欧州政治や難民・移民問題の研究者でもない一記者の私が、この本を執筆するにあたり、留意した点がいくつかあった。

何よりも中東やアフリカから欧州を目指すあまたの難民や移民を「記号」でとらえるのではなく、「生身の人間」として追いかけること。

ギリシャのレスボス島で出会ったアリ・バグリさん（三二）一家が、バルカンルートをたどって、ドイツを目指す姿を、毎日起きた出来事をつづる同時進行ルポの形で紹介した。現場の息づかいを伝えることで、解決策が簡単には見つからないこの難民・移民問題を読者の皆さんと共に考えるきっかけになれば幸いだ。

アリさんに同行し、その背中を追いかけた日々は、想定外の出来事だらけだった。早とちりや、顔が真っ赤になりそうな失敗もあったが、「ハプニングこそが紋切り型でないニュースだ」とも考え、へぇーと驚いた場面や印象的な言葉を書きつづった。

それと同時に、長い歴史の流れの中でとらえる視点も心がけた。

一体、どれだけの人々が押し寄せるのだろう――。すし詰め状態の満員列車、どこまでも続く手にいっぱいの荷物を抱えた人々の列、地べたで、気絶するように眠りこける人々の寝顔。欧州を目指す難民に導かれるように、バルカンルートに位置した国々の現場を訪れると必ず、事の重大さを裏付けるような、心をわしづかみにされる場面に遭遇した。

念願の新聞記者になったばかりの一八年前、「こつこつ現場に行き、労を惜しまずに人と会いなさい。現場にこそ答えがある」と、当時配属された山口支局の上司から言われた言葉をかみしめている。

アリ・バグリさん一家三人は二〇一六年九月現在、ドイツ南部チュービンゲンのアパートで、難民申請の結果を待ちながら暮らしている。フェイスブックやメールで、時折、連絡をくれる。慣れないドイツ語の勉強に苦戦しながらも、健やかにしているようだ。

私が一六年三月末に日本に帰国してから、一家への取材は、後任のウィーン特派員となった三木幸治記者が引き継いでくれた。五月に三木記者が、アリさん一家のアパートを訪れた際も、一家は健やかで、一人娘のフェレシュテちゃん(四)は元気に走り回っていたらしい。

「次の面接は何か月先になるかわからないけれども、ドイツ語を勉強し、ウェブデザイナーになりたい」

将来への夢をこう語り、すでに妻の夕ヘリーさん(三二)はドイツ語で簡単な会話をこなせるようになっている。ギリシャのレスボス島からアリさんと行動を共にしていたシャラフさんはスウェーデン、フセインさんはオーストリアでそれぞれ難民申請したそうだ。

政治的な迫害の有無を調べるドイツ政府の面接は三月三〇日にあったが、ここで結論は出なかった。シリア出身者の面接は一回だが、アフガン出身者は二回。一回目は国籍や出身地、これまでの道のりを尋ね、二回目で難民申請した理由などが問われるという。人々が殺到したため、難民認定の審査は長期化し、最大で二年間審査を待っている人も出ている。

ドイツでの生活を夢見るアリさん一家の希望が、最終的にどこにたどりつくかは、まだ予断を許さない。

欧州連合(EU)は、危機的な状況と表現してもおかしくないほど、次から次へとやっかいな問題に見舞われている。二〇一二年に、ノーベル平和賞を授与されたEU。欧州統合に向けた求心力よりも遠心力の方が明らかに強くなり、輝きは色あせている。

激震とも言えるのは、イギリスが二〇一六年六月二三日の国民投票で、EUからの離脱を決めてしまったことだ。皮肉なことに、EUの東方拡大によって加盟を果たしたポーランドなど旧東欧諸国からの移民が自分たちの雇用を奪い、生活に悪影響を与えていると危機感を持った国民世論が、まさかまさかの結果を引き起こした。

テロ事件も、すべてをここに記すことができないほど頻発している。一六年三月二二日には、EU本部があるベルギーの首都ブリュッセルの空港と地下鉄が標的となった同時テロが発生し、三二人が亡くなり、約三四〇人が負傷した。過激派組織「イスラム国」(IS)が犯行声明を出した。フランス・ニースでも七月一四日、チュニジア人が運転するトラックが、フランス革命記念日を祝う花火の見物に集まっていた群衆に突っ込んで、八四人を殺害するテロ事件が発生した。

ドイツでも、七月下旬に入ってからたて続けに「難民・移民」が絡んだテロや事件が四件も起きた。いずれもアリさんが暮らすドイツ南部で発生し、アフガン出身の難民の少年が、斧やナイフを振り回して、五人に重軽傷を負わせた事件も含まれる。少年の自宅からもISの旗が見つかった。

「難民受け入れは、私たちの歴史的な使命であり、グローバル化された時代における歴史的な課題だ。でも、私たちなら、成し遂げることができる」

ドイツのメルケル首相(六二)は七月二八日の記者会見でこう語り、これまで通り、難民受け入れを続ける必要性を訴えた。

「開かれた、壁のない欧州の維持、促進に貢献してきた」ことを理由に、二〇一五年一二月に、米誌『タイム』の「パーソン・オブ・ザ・イヤー」に選ばれたメルケル首相。同年のノーベル平和賞候補にも名前が挙がっていた。しかし言葉とは裏腹に、相次ぐ難民・移民による襲撃事件で、ドイツ国内では、難民に寛容な政策への批判が高まり、足下はぐらついている。アフガン出身者への国民感情がさらに悪化すれば、アリさん一家にも影響が出かねない。

「私の方は大丈夫で、元気にやっていますよ。それより、日本に戻ったあなたのご家族はお元気ですか」

心配になって、アリさんにメールしたのだが、そんな答えが返ってきた。

欧州各国では、移民排斥を掲げる極右政党がすっかり勢いづいている。象徴的だったのは、五月のオーストリア大統領選だ。五月二二日の決選投票では、反EUや移民排斥を掲げる極右の自由党のノルベルト・ホーファー候補(四五)が、親EU左派の「緑の党」出身のアレクサンダー・ファン・デア・ベレン候補(七二)に敗れたものの、得票率わずか〇・六ポイント差の大接戦。もしも、ホーファー候補が当選していれば、EU加盟国で初めて、極右の国家元首が誕生していた。

既存政党に対する国民の政治不信も深刻で、同国の戦後政治の中心であり続けた中道右派の国民党と中道左派の社会民主党が擁立した二人の候補は、四月の第一回投票で惨敗し、決選投票にさえ進めなかった。

オーストリアの憲法裁判所は七月一日、「開票作業に違反行為があった」と判断し、選挙のやり直しを命じた。再選挙で、極右の国家元首が生まれる可能性は消えていない。

経済のグローバル化のあおりで、所得格差が拡大し、人々が現在の生活への不満や将来への不安を募らせる中、EUや難民・移民、既存政党といった特定の「敵」を作って、有権者の支持を集めるポピュリズム(大衆迎合主義)の政治スタイルが蔓延している。

ポピュリズムは、世界的な広がりを見せていると言っても過言ではない。二〇一六年のアメリカ大統領選でも、「不法移民やギャング、暴力や薬物を止めるため、メキシコとの国境に巨大な壁を築く」「我々はアメリカを第一に据える」「イスラム教徒を入国禁止にすべきだ」と過激発言を繰り返す不動産王、ドナルド・トランプ候補(七〇)が人気を集め、あれよあれよという間に共和党の大統領候補に指名された。

トランプ候補が掲げた外交・移民政策に、欧州で真っ先に賛意を示した首脳がいる。難民の流入を阻止するために、セルビアやクロアチアとの国境をフェンスで封鎖してしまった、あのハンガリーのオルバン首相(五三)だ。

オルバン首相は七月二六日の記者会見で、「移民を認めるアメリカ民主党の政策は、欧州にとって良くない。ハンガリーにとって致命的だ」と、あっさり共和党のトランプ候補を礼賛して見せた。二人を結びつけるのは、ポピュリズム、そして、強権的な政治スタイルだ。


バルカンルートについても触れたい。

EUが、トルコに難民管理を「外部委託」する形で、バルカンルートを一六年三月に閉鎖した効果はてきめんで、四月に中東などからギリシャに着いた難民や移民は約二七〇〇人と前月比で九割も減った。その代わり、北アフリカから地中海を渡って、イタリアを目指すルートを使う人々が増え、地中海で密航船の転覆事故が相次いでいる。

しかし、委託先となったトルコも揺らいでいる。六月二八日には最大の都市イスタンブールのアタチュルク国際空港で大規模な自爆テロ事件が発生し、七月に国軍の一部勢力がクーデター未遂事件を起こした。

クーデター未遂後、新聞社やテレビ局など約一三〇社の閉鎖を命じるなど、独裁色を強めるエルドアン大統領が、ＥＵから委託された難民管理を本当に履行するのかは、かなりあやしい。人の波を止める防波堤の役割を果たすトルコがその役割を放棄すれば、欧州を目指す人々のうねりが再び起きて、バルカンルートは復活するだろう。そうすると、欧州統合の象徴であり、欧州内の自由な移動を保障するシェンゲン協定は有名無実化し、各国の国境管理が復活する可能性が高い。

ＥＵは二〇一五年九月、ギリシャやイタリアにたどりついた難民約一六万人の受け入れを加盟国に割り当てた。ＥＵの「ダブリン規約」は難民が最初に到達した国で難民申請することを定めているが、地理的にＥＵの玄関口に位置する両国に負担が集中してしまったからだ。しかし、一六年九月までに両国から移った難民は目標の三％に満たない約四七〇〇人にとどまる。中東欧諸国を中心に反対論が強く、もたつきが目立っている。

欧州を揺るがせた難民・移民危機は、まだ終わってはいない。

欧州と中東がセットになって、ますます不安定になっていく負のスパイラルに陥っているようにさえ思えてくる。まるで出口のない迷路に迷い込んだかのようだ。

現場での難民支援や、欧州に来た難民や移民のこれ以上の社会への統合は余力に乏しい。関係国が自国内に「勝利」をアピールできるように利害調整し、互いに歩み寄る「政治の知恵」

をひねりだし、いまも逃げ出してくる人々を生み続けているシリアやアフガン、イラクといった国々に、平和と安定をもたらすしかないのではないか。特に深刻なシリアは、アメリカとロシアが一刻も早く全力で妥協するほか道はない。

最後に、欧州は地理的には遠く離れているが、日本にとっても、決して対岸の火事ではない。人口減少、そして、少子高齢化が加速している日本では、移民を受け入れるのか、否かの結論を出さねばならない日が、そう遠くない将来やってくる。ドイツで起きたように、一〇〇万人規模の難民や移民が日本に押し寄せたなら、一体どうなるか、どう対処すべきかと、想像して頂けたならうれしい限りだ。

登場した人々の年齢や肩書きは、取材当時のものとしている。為替は変動がつきものだが、アリさん一家と欧州へ向かう旅路を共にした二〇一五年一一月当時に近いレートにした方が、読者の実感が湧きやすいと考え、その他の章でも便宜上、一ユーロ＝一三〇円で統一した。写真は断りのない限り、筆者が撮影したものである。

本書を執筆できたのは、アリさんや妻のタヘリー・カゼミさん、一人娘のフェレシュテちゃん、「ミスター・オーストリア」の今は亡きノルベルト・ロッパーさんをはじめとする取材に

アリさん一家と写る筆者(右)
(ドイツ南部メスシュテッテンの施設前で，2015年11月21日)

協力してくれた人々のおかげだ。

毎日新聞社の同僚は公私にわたり、いつも温かく、時にさりげない支援の手を差し伸べてくれた。ウィーン支局のアシスタントとして、共に知恵と情熱を傾けてくれた、オリバー・ラパウ、アニカ・ゼッヒ、テレサ・バイトの各氏に心から感謝している。ウィーンで出会った友人、知人からは大きな影響を受けた。

「高校生や大学生の皆さんにも、手にとってもらえるような本に仕上げましょう」と、熱意を持って的確なアドバイスを重ねてくれた、岩波新書の編集担当、上田麻里さんがいなければ、ここまでたどりつくことはなかった。

アリさん一家とのドイツへの旅路を終えて、ウィーンへと戻った一週間後の二〇一五年一一月三〇日、妻の栄利が突然の病のために亡くなった。彼女が支えてくれたからこそ、三週間以上にわたったアリさん一家への同行取材は実現した。

私は今、いったん記者職から離れて生まれ故郷に近い大阪本社で働き、仕事と子育てとの両立を目指している。家族を含め、多くの人に助けられている。この本の大部分は、シングルファザーになってから、「フレー、フレー、お父ちゃん」と、傍らで励ましてくれる五歳の一人娘の寝息の下で生まれた。

ギリシャのレスボス島で、アリさん一家三人に出会った時、とっさに同行することを決めたのは、きっと、同じように妻と一人娘がいた自分を重ね合わせたからだ。

二〇一六年九月　兵庫県西宮市にて

坂口裕彦

坂口裕彦

1976年生まれ．98年関西学院大学社会学部卒業．同年に毎日新聞社に入社し，山口，阪神支局を経て，2005年に政治部へ．首相官邸や自民，公明両党，外務，防衛，厚生労働省などを担当した．13年に外信部に移り，14年4月から16年3月までウィーン特派員を務めた．現在は毎日新聞社大阪本社代表室委員．

ルポ 難民追跡
バルカンルートを行く　　岩波新書(新赤版)1624

2016年10月20日　第1刷発行

著　者　坂口裕彦《さかぐちひろひこ》

発行者　岡本　厚

発行所　株式会社 岩波書店
〒101-8002 東京都千代田区一ツ橋 2-5-5
案内 03-5210-4000　営業部 03-5210-4111
http://www.iwanami.co.jp/

新書編集部 03-5210-4054
http://www.iwanamishinsho.com/

印刷製本・法令印刷　カバー・半七印刷

ISBN 978-4-00-431624-4　　Printed in Japan

岩波新書新赤版一〇〇〇点に際して

ひとつの時代が終わったと言われて久しい。だが、その先にいかなる時代を展望するのか、私たちはその輪郭すら描きえていない。二〇世紀から持ち越した課題の多くは、未だ解決の緒を見つけることのできないままであり、二一世紀が新たに招きよせた問題も少なくない。グローバル資本主義の浸透、憎悪の連鎖、暴力の応酬――世界は混沌として深い不安の只中にある。

現代社会においては変化が常態となり、速さと新しさに絶対的な価値が与えられた。消費社会の深化と情報技術の革命は、種々の境界を無くし、人々の生活やコミュニケーションの様式を根底から変容させてきた。ライフスタイルは多様化し、一面では個人の生き方をそれぞれが選びとる時代が始まっている。同時に、新たな格差が生まれ、様々な次元での亀裂や分断が深まっている。社会や歴史に対する意識が揺らぎ、普遍的な理念に対する根本的な懐疑や、現実を変えることへの無力感がひそかに根を張りつつある。そして生きることに誰もが困難を覚える時代が到来している。

しかし、日常生活のそれぞれの場で、自由と民主主義を獲得し実践することを通じて、私たち自身がそうした閉塞を乗り超え、希望の時代の幕開けを告げてゆくことは不可能ではあるまい。そのために、いま求められていること――それは、個と個の間で開かれた対話を積み重ねながら、人間らしく生きることの条件について一人ひとりが粘り強く思考することではないか。その営みの糧となるものが、教養に外ならないと私たちは考える。歴史とは何か、よく生きるとはいかなることか、世界そして人間はどこへ向かうべきなのか――こうした根源的な問いとの格闘が、文化と知の厚みを作り出し、個人と社会を支える基盤としての教養となった。まさにそのような教養への道案内こそ、岩波新書が創刊以来、追求してきたことである。

岩波新書は、日中戦争下の一九三八年一一月に赤版として創刊された。創刊の辞は、道義の精神に則らない日本の行動を憂慮し、批判的精神と良心的行動の欠如を戒めつつ、現代人の現代的教養を刊行の目的とする、と謳っている。以後、青版、黄版、新赤版と装いを改めながら、合計二五〇〇点余りを世に問うてきた。そして、いままた新赤版が一〇〇〇点を迎えたのを機に、人間の理性と良心への信頼を再確認し、それに裏打ちされた文化を培っていく決意を込めて、新しい装丁のもとに再出発したいと思う。一冊一冊から吹き出す新風が一人でも多くの読者の許に届くこと、そして希望ある時代への想像力を豊かにかき立てることを切に願う。

（二〇〇六年四月）